ATLAS.

HISTOIRE
UNIVERSELLE

LOCALISÉE SUR NEUF TABLEAUX,

D'après le système de M. Th. Cutxan, approuvé par

l'Académie Royale des Sciences de Bordeaux et le collége de Louis-le-Grand,

Pour servir à l'étude de tous les ouvrages historiques, spécialement des précis d'histoire de MM. Cayx et Poirson, Du Rozoir, Des Michels, Michelet, Bonnechose et Barberet;

Par plusieurs professeurs d'histoire.

A l'usage des colléges et de toutes les classes, maisons d'éducation et généralement de toutes les personnes qui tiennent à se rappeler l'histoire selon l'ordre des temps.

PRIX : 6 FRANCS (non cartonné).

Paris :

Chez L. Hachette, rue Pierre-Sarrasin, N° 12,
Et chez Mme. Ve Marie Nyon, quai Conti, N° 13.
A Toulouse : chez Martegoute et C.ie, libraire, r. Saint-Rome, 46.
A Bordeaux : chez Lawalle, neveu, Allées Tourny, 26.

LISTE CHRONOLOGIQUE DES PAPES.

1er Siècle après J.-C.

Saint Pierre 33
Saint Lin 66
Saint Anaclet 78
Saint Clément Ier 91
Saint Evariste 100
Saint Alexandre 109
Sixte Ier 119
Télesphore 127
Hygin 139
Pie Ier 142
Anicet 157
Soter 168
Eleuthère 177
Victor Ier 193

2me Siècle.

Zéphirin 202
Calixte Ier 219
Urbain Ier 223
Pontien 230
Anthère 235
Fabien 236
Saint Corneille 251
Luce Ier 252
Etienne Ier 253
Sixte II 257
Denys 259
Félix Ier 269
Eutichien 275
Caïus 283
Marcellin 296

3me Siècle.

Marcel 308
Eusèbe 310
Melchiade 311
Sylvestre Ier 314
Marc 336
Jules Ier 337
Libérius 352
Félix II 355
Libérius, *de nouveau* 355
Damase 366
Siricius 384
Anastase 398

4me Siècle.

Innocent Ier 402
Zozime 417
Boniface Ier 418
Célestin Ier 422
Sixte III 432
Saint Léon 440
Hilaire 461
Simplicius 468
Félix III 483
Gélase 492
Anastase II 496
Symmaque 498

5me Siècle.

Hormisdas 514
Jean Ier 523
Félix IV 526
Boniface II 530
Jean II 533
Agapet 535
Silvère 536
Vigile dès 537, 538
Pélage Ier 555
Jean III 560
Benoît Ier 574
Pélage II 578
Saint Grégoire 590

6me Siècle.

Sabinien 604
Boniface III 607
Boniface IV 608
Deusdedit 615
Boniface V 618
Honoré Ier 625
Séverin 640
Jean IV 640
Théodore 642
Martin Ier 649
Eugène Ier dès 654
Vitalien 657
Adéodat 672
Donus Ier 676
Agathon 678
Léon II 682
Benoît II 684
Jean V 685
Conon 686
Sergius 687

7me Siècle.

Jean VI 701
Jean VII 705
Sicinnius 708
Constantin 708
Grégoire II 715
Grégoire III 731
Zacharie 741
Etienne II 752
Paul Ier 757
Etienne III 768
Adrien Ier 772
Léon III 795

8me Siècle.

Etienne IV 816
Pascal Ier 817
Eugène II 824
Valentin 827
Grégoire IV 827
Sergius II 844
Léon IV 847
Benoît III 855
Nicolas Ier 858
Adrien II 867
Jean VIII 872
Martin II 882
Adrien III 884
Etienne V 885
Formose 891
Boniface VI 896
Etienne VI 896
Romain 897
Théodore II 898
Jean IX 898

9me Siècle.

Benoît IV 900
Léon V 903
Christophe 903
Sergius III 905
Anastase III 911
Lando 913
Jean X 914
Léon VI 928
Etienne VII 929
Jean XI 931
Léon VII 936
Etienne VIII 939
Martin III 942
Agapet II 946
Jean XII 956
Benoît V 964
Léon VIII dès 963
Jean XIII 965
Benoît VI 972
Donus II 974
Benoît VII 975
Jean XIV 983
Jean XV ou XVI 986
Grégoire V 996
Sylvestre II 999

10me Siècle.

Jean XVII 1003
Jean XVIII 1003
Sergius IV 1009
Benoît VIII 1012
Jean XIX ou XX 1024
Benoît IX 1033 1044 1047
Grégoire VI 1044
Clément II 1046
Damase II 1048
Léon IX 1049
Victor II 1055
Etienne IX ou X 1057
Nicolas II 1058
Alexandre II 1061
Grégoire VII 1073
Victor III 1086
Urbain II 1088
Pascal II 1099

11me Siècle.

Gelase II 1118
Calixte II 1119
Honoré II 1124
Innocent II 1130
Célestin II 1143
Luce II 1144
Eugène III 1145
Anastase IV 1153
Adrien IV 1154
Alexandre III 1159
Luce III 1181
Urbain III 1185
Grégoire VIII 1187
Clément III 1187
Célestin III 1191
Innocent III 1198

12me Siècle.

Honoré III 1216
Grégoire IX 1227
Célestin IV 1241
Innocent IV 1343
Alexandre IV 1254
Urbain IV 1261
Clément IV 1265
Grégoire X 1271
Innocent V 1276
Adrien V 1276
Jean XXI 1276
Nicolas III 1277
Martin IV 1281
Honoré IV 1285
Nicolas IV 1288
Célestin V abd 1294
Boniface VIII 1294

13me Siècle.

Benoît XI 1303

A Avignon, 1309.

Clément V 1305
Jean XXII 1316
Benoît XII 1334
Clément VI 1342
Innocent VI 1352
Urbain V 1372
Grégoire XI 1370

A Rome.

Urbain VI (1) 1378
Boniface IX 1389

14me Siècle.

Innocent VII 1404
Grégoire XII 1406
Alexandre V à Pise 1409
Jean XXIII à Pise 1410
Martin V 1417
Eugène IV 1431
Nicolas V 1447
Calixte III 1455
Pie II 1458
Paul II 1464
Sixte IV 1471
Innocent VIII 1484
Alexandre VI 1492

15me Siècle.

Pie III 1503
Jules II 1503
Léon X 1513
Adrien VI 1522
Clément VII 1523
Paul III 1534
Jules III 1550
Marcel II 1555
Paul IV 1555
Pie IV 1559
Pie V 1566
Grégoire XIII 1572
Sixte V 1585
Urbain VII 1590
Grégoire XIV 1590
Innocent IX 1591
Clément VIII 1592

16me Siècle.

Léon XI 1605
Paul V 1605
Grégoire XV 1621
Urbain VIII 1623
Innnocent X 1644
Alexandre VII 1655
Clément IX 1667
Clément X 1670
Innocent XI 1676
Alexandre VIII 1689
Innocent XII 1691

17me Siècle.

Clément XI 1700
Innocent XIII 1721
Benoît XIII 1724
Clément XII 1730
Benoît XIV 1740
Clément XIII 1758
Clément XIV 1769
Pie VI 1775

18me Siècle.

Pie VII 1800
Léon XII 1823
Pie VIII 1829
Grégoire XVI 1831

(1) Clément VII à Avignon en 1378
Benoît XIII id. 1394

Nérac : Villeneuve, imprimeur.

ATLAS.

HISTOIRE UNIVERSELLE

Localisée sur neuf tableaux,

D'après le système de M. Jh. Caisan, approuvé par

L'ACADÉMIE ROYALE DES SCIENCES DE BORDEAUX ET LE COLLÉGE DE LOUIS-LE-GRAND,

Pour servir à l'étude de tous les ouvrages historiques, spécialement des précis d'histoire de MM. Cayx et Poirson, Du Rozoir, Des Michels, Michelet, Bonnechose et Barberet;

Par plusieurs professeurs d'histoire.

A l'usage des collèges et de toutes les classes, maisons d'éducation et généralement de toutes les personnes qui tiennent à se rappeler l'histoire selon l'ordre des temps.

INTRODUCTION.

COMPOSITION DES TABLEAUX.

EXPLICATIONS GÉNÉRALES

COMPOSITION DES CADRES

SYSTÈME DE CHRONOLOGIE

MOYEN D'ÉTUDIER NOS TABLEAUX.

Procédés.

Histoires Anciennes.

Histoires du Moyen-âge et Moderne.

Observation.

Principales Abréviations que l'on rencontrera sur les tableaux.

ERRATUM.

1.er TABLEAU.

Histoire Sainte avec les événements synchroniques de l'histoire ancienne.

50me SIECLE AVANT JÉSUS-CHRIST.

1re ÉPOQUE. — 4963. CRÉATION.

ADAM ET EVE.

SETH, tige des enfants de Dieu. Enos, — Caïnan, — Malaléel, — Jared. Hénoch fut si agréable à Dieu qu'il fut transporté au ciel sans subir la mort. Mathusalem le plus vieux des hommes, m. à 969 ans. Lamech. *Noé né l'an 3908.*

CAIN, tige des enfants des hommes. Ici cinq générations inutiles à nommer. Jabel se voue aux troupeaux. Jubal invente la musique. Tubalcain fond le fer et l'airain. Naamah fabrique les tissus.

ABEL tué par Caïn.

34me S. AV. J.-C.

IIe ÉPOQUE. — 3308. DÉLUGE.

NOÉ.

SEM, dont la postérité peuple l'Asie. — Arphaxad, Assyriens, Lud, Lydiens, Aram, Syriens [illegible]

CHAM, idem, l'Afrique. [illegible]

JAPHET, idem, l'Europe. [illegible]

30me S. AV. J.-C.

2958. *Mort de Noé.*
2907. Phaleg, fils d'Héber.

29me S. AV. J.-C.

28me S. AV. J.-C.

2777. Reu.

27me S. AV. J.-C.

[illegible] ORIGINE DES ASSYRIENS. 1er *Roi*, *Nembrod*. Il fonde Babylone. Il y a eu des rois antédiluviens, selon Bérose.

2655. Sarug, fils de Reu.

26me S. AV. J.-C.

As. V. 2510, *Assur fonde Ninive*. Ses succ. inconnus jusqu'à Bélus.

2515 Nachor.

25me S. AV. J.-C.

[illegible] ORIGINE DES ÉGYPTIENS. 1er *Roi*, *Ménès*. Il fonde Memphis. [illegible] jusqu'à l'invasion des pasteurs.

2436. Tharé, père d'Abraham.

24me S. AV. J.-C.

[illegible] EMPIRE CHINOIS. [illegible]
Eg. *Busiris* embellit et fortifie Thèbes aux cent portes.
V. 2310. *Invasion des pasteurs ou Hyksos en Egypte*. Les pasteurs forment la [illegible] qui termine la 16e dynastie.

2366. *Naissance d'Abraham.*

23me S. AV. J.-C.

IIIe ÉPOQUE.

[illegible]. VOCATION D'ABRAHAM.
Il va en Chanaan avec sa femme Sara et Loth, son neveu. Ce dernier se sépare de son oncle, et se retire à Sodome où il est [illegible]. Abraham va à son secours et le délivre. Abraham est béni par Melchisédech. Agar; Ismaël, son fils. [illegible] *Naissance d'Isaac*. Origine de la circoncision. *Sacrifice d'Isaac*. Isaac épouse Rebecca. *Ésaü*. 2206. Jacob ou Israël et [illegible]

17me S. AV. J.-C.

Moïse chez Jéthro. Il épouse sa fille Séphora. VOCATION DE MOÏSE. Les dix plaies de l'Égypte. Origine de la pâque. 1645. *Sortie de l'Égypte.* Passage de la mer Rouge. Dieu donne sa loi à Moïse sur le mont Sinaï. Mort de Moïse sur le mont Nébo, à l'âge de 120 ans. 1605. Élection de Josué. Histoire de Job.

Gr. [illegible] Eg. Règne d'*Aménophis*. Ses persécutions, ses guerres contre les [illegible], *Hébreux*, etc. V. 1643. SON FILS, SÉSOSTRIS, OUVRE LA 19e DYNASTIE. Ses expéditions, son gouvernement. Gr. V. 1643. *Fondation d'Athènes par Cécrops*. Ère attique [illegible] les marbres de Paros datent de cette époque. Cranaüs et Amphictyon lui succ., le premier en 1574, et le second en 1583. Gr. 1640. *Deucalion*, descendant de Japet et de Prométhée, s'empare de la Thessalie occupée par les Pélages. Déluge sous son règne. Ses deux fils sont Amphictyon et Hellen qui a trois fils : Dorus, Æolus et Xuthus. Fils de ce dernier : Achæus et Ion. 1613. *Scamandre*, 1er *roi de Troie*.

1640. Le verre chez les Tyriens. Sans s'inquiéter des inventions et découvertes des siècles précédents, à cause de l'incertitude des époques.

18me S. AV. J.-C.

1725. *Naissance de Moïse.* Il est sauvé des eaux par la fille de Pharaon. Son père Amram. Sa Mère Jocabed, son frère Aaron, sa sœur Marie.

Eg. Ramsès. Ses persécutions. Gr. 1742. *Lelex règne à Sparte.*

19me S. AV. J.-C.

Les Hébreux se multiplient en Egypte.

Gr. V. 1900. Royaume de Mycènes [illegible]
Gr. V. 1880. *Sparton*, *fils ou frère de Phoronée*, *fonde Sparte*.
As. 18[illegible]. Ninias, fils de Sémiramis.
Gr. 1869. Ogygès règne en Béotie, envahit l'Attique où il fonde Eleusis. Il jette les premiers fondements de Thèbes. Déluge sous son règne.
Gr. 1835. *Ægialée règne à Sicyone.*

20me S. AV. J.-C.

ORIGINE DES GRECS.

Les Hébreux se multiplient en Egypte.

[illegible]
As. 1963. [illegible] *royaume de Babylone à celui de Ninive.*
Eg. *Mœris.* Son lac. Après lui règnent Uchoréus qui agrandit et fortifie Memphis ; *Osymandias*, célèbre par sa statue, sa bibliothèque et son tombeau ; Ramsès qui persécute les descendants des pasteurs et les Hébreux (dates incertaines).
Gr. 19[illegible]. *Inachus*, fondateur d'Argos, selon quelques traditions.
As. [illegible]. *Ninus.*
SON ÉPOUSE, SÉMIRAMIS, RÈGNE EN 1916.
Ses expéditions, sa sage administration, ses embellissements à Babylone. Son fils, Ninias, lui succ. en 1874.
[illegible]
Gr. V. 1930. *Phoronée*, roi d'Argos dont il est le fondateur, selon les traditions les plus anciennes.
Gr. V. 1920. *Fondation de Sicyone.*

21me S. AV. J.-C.

2[illegible]. JOSEPH est vendu par ses frères, et conduit en Egypte. Joseph en prison. Élévation de Joseph. Ses frères en Egypte. Jacob en Egypte avec toute sa famille.

Eg. *Misphragmutosis fait la guerre aux pasteurs qui sont chassés par son fils Thoutmosis.* [illegible]

22me S. AV. J.-C.

2191. Mort d'Abraham. Jacob chez Laban en Mésopotamie. Jacob épouse Lia et Rachel. Leur donne [illegible] : Ruben, Siméon, Lévi, Juda, Issachar, Zabulon, Dan, Nephtali, Gad, Aser, (*Dina*, leur sœur), *Joseph* et Benjamin.

2me TABLEAU.

Histoire Sainte avec les événements synchroniques des histoires ancienne et romaine.

16me S. AV. J.-C.

[illegible]

15me S. AV. J.-C.

[illegible]

14me S. AV. J.-C.

[illegible]

13me S. AV. J.-C.

[illegible]

12me S. AV. J.-C.

[illegible]

11me S. AV. J.-C.

[illegible]

10me S. AV. J.-C.

Les royaumes de Juda et d'Israël, après avoir soutenu des guerres continuelles contre les peuples voisins, succombent sous les rois d'Assyrie.

Schisme des dix Tribus.

[illegible]

9me S. AV. J.-C.

[illegible]

8me S. AV. J.-C.

[illegible]

7me S. AV. J.-C.

[illegible]

6me S. AV. J.-C.

[illegible]

3me TABLEAU.

Histoire sainte avec les événements synchroniques des histoires ancienne et romaine.

5e S. AV. J.-C.

Grande lutte entre la Grèce et la Perse ; - Gloire de la Grèce. - Rivalité de Sparte et d'Athènes. -Rome en guerre avec les peuples d'Italie, Etrusques, Latins, Volsques, Sabins, Eques, Véiens, Herniques, etc. Lutte éternelle entre la démocratie et l'aristocratie.

Suite des grands-prêtres. 462. Eliasib succ. à [illegible]. 453. *Néhémias* [illegible] *Darius dans la Grèce* [illegible] *Jérusalem* [illegible] Malachie, dernier prophète. *Esdras* [illegible] *dans le peuple juif.* 437. Manassé, chassé de Jérusalem, se retire à Samarie auprès de Sanaballat qui fait élever à Garizim un temple semblable à celui de Jérusalem. Ici se terminent les livres d'Esdras, ce qui laisse dans les 8 siècles suivants une lacune de [illegible] jusqu'aux Machabées. Aussi les dates ne peuvent qu'être approximatives.

R. 498. *Dictateur.* Titus Lartius. A. Posthumius. G. P. 500. Incendie de Sardes. 496. *Expédition de Darius dans la Grèce.* R. 493. Les Latins battus près le lac Régille. Traité de paix. 493. *Guerre contre les Volsques.* Troubles intérieurs. [illegible] M. de Tarquin. Retraite du peuple sur le mont sacré. Ménénius Agrippa. 493. *Tribunat.* R. 491. Exil de Coriolan. 489. Son retour contre sa patrie. Si. 481. Gelon, roi de Gela, s'empare de Syracuse en 484, et cède Gela à son frère Hiéron qui lui succ. à Syracuse en 478. G. P. 490. Bat. de Marathon gagnée par Miltiade. Si. 488. Théron à Agrigente. Thrasidée lui succ. en 470. Démocratie. R. 486. Loi agraire proposée par Spurius Cassius. G. P. 485. *M. de Darius.* Xerxès lui succ. G. P. 480. Bat. des Thermopyles. M. de Léonidas. Combat naval d'Artémisium, désastreux pour les Perses. Bat. de Salamine gag. par Thémistocle et Euribiade. 479. Bat. de Platée gag. par Aristide et Pausanias. M. de Mardonius. Bat. de Mycale gag. par Léotychide et Xantippe. Gr. 479. *Rivalité d'Athènes et de Sparte.* 477. disgrâce de Pausanias. Cimon et Aristide lui succ. R. 477. Dévouement des 306 Fabius. Troubles causés par la loi agraire. P. 472. Xerxès ass. par Artaban. Artaxerxès Longue-main lui succ. G. P. Victoire de Cimon près le fleuve Eurymédon. Si. 467. Thrasibule. Sa m. en 466. Démocratie jusqu'en 4[illegible]. V. Supplém.

[illegible] PYTHAGORE, ph., chef de l'école italique. [illegible] *Cratinus*, po. Eupolis, son rival. Fl. 432. Bacchylide, po. 444. *Hérodote*, hist. V. 444 Empédocle, ph. 440. Héraclide, ph. Gorgias, ph. 441. Le bélier et autres machines de guerre chez les Carthaginois. 5e S. *Euclide de Mégare.* 436. Pindare, po. Vi. v. 435. Eupolis, po. 431. Phidias, statuaire. Fl. 430. Antiphon et Andocide, ora. V. Supplém.

4e S. AV. J.-C.

Rivalité entre Sparte et Thèbes. — Alexandre envahit la Grèce et l'Asie. — Rome continue ses guerres contre les peuples de l'Italie.

377. Jonathan et Jésus se disputent la charge de grand prêtre. Le 1er en reste maître par le meurtre de son frère. Les Juifs deviennent tributaires de la Syrie. 350. *Jaddus*, grand prêtre. Il va au devant d'Alexandre. 324. Onias 1er, g. pr. La Judée devient le partage de Laomédon après la m. d'Alexandre. Il est battu par Ptolémée Soter qui réunit la Judée à l'Egypte, 320. 303. Simon, g. pr. Il embellit Jérusalem.

G. P. 400. Expédition de Thymbron et de Dercyllidas en Asie. — Tissapherne, Pharnabaze. Ma. 398. Amyntas II détrôné par les Lacédémoniens. 397. Pausanias. 394. Amyntas III. 39[illegible]. Argée II. G. P. 39[illegible]. Expédition d'Agésilas dans l'Asie-Mineure. Gr. Ligue formée en Grèce contre Sparte ; Lysandre tué à la bat. d'Haliarte. Conon et Pharnabaze vainq. de la flotte lacédémonienne à la hauteur de Cnide. Rappel d'Agésilas. 394. *Bat. de Coronée.* R. 39[illegible]. Prise de Véies ; 39[illegible], de Faléries par Camille. 390. Son exil. 1re *Invasion des Gaulois.* Brennus, Manlius, Camille. Ma. 388. Amyntas IV. Ses g. contre les Illyriens et les Olinthiens. Conspiration de sa femme Euridice. G. P. 38[illegible]. *Traité d'Antalcidas dicté aux Grecs par Artaxerxès.* V. Supplé.

[illegible] SOCRATE, ph. [illegible] Critias, ora. V. 390. Antisthène, disc. de Socrate. Vi. Aristophanes d'Athènes, ph. 39[illegible] *Thucydide*, hist. Fl. 39[illegible]. Prodicus, ora. V. 390. Euclide, *chef de l'école de Mégare.* Eubulide, son disc. 380. Lysias, ora. 362. Démocrite, ph. 3[illegible]. Hippocrate, méd. 3[illegible]. *Xénophon*, hist. m. [illegible]. Isée, ora. 35[illegible]. Incendie du temple de Diane. V. Supplé.

3e S. AV. J.-C.

Rome, maîtresse de l'Italie, porte ses armes à l'extérieur.

La Judée soumise à Séleucus Nicanor après la bat. d'Ipsus, 301. 28[illegible]. Eléazar, g. pr. La Judée conquise par Ptolémée Philadelphe en 27[illegible]. 27[illegible]. *Version des Septante.* 260. Manassé, g. pr. 233. Onias II, g. pr. 219. Simon II, g. pr. V. Supplé.

R. 300. *Les plébéiens admis au sacerdoce.* 299. *Nouvelles g. contre les Samnites et leurs alliés*, Etrusques, Ombriens, Gaulois, Sabins, etc. Ma. 298. M. de Cassandre. Ses fils : Philippe, Antipater, Alexandre. 297. Succès de Démétrius en Grèce, en Macédoine, roi en 29[illegible]. R. 290. Curius Dentatus soumet les Samnites et les Sabins. Ma. 280. Concurrence de Pyrrhus. Imprudences de Démétrius. 288. Ce dernier veut reconquérir en Asie les états perdus par son père. *Ligue de Lysimaque, Séleucus, Ptolémée, Pyrrhus contre Démétrius* ; sa captivité, sa mort en 282. Son fils Antigone de Gonn. V. S.

Fl. 300 Euclide, math. Vi. 29[illegible]. *Arcésilas fonde la moyenne académie.* V. 290. Ménandre, poé. Philémon et Diphile après lui. 28[illegible]. Théophraste, ph. Vi. 28[illegible]. Théocrite, ph. 28[illegible]. Démétrius de Phalère, ph. V. Supplé.

2e S. AV. J.-C.

Rome continue ses guerres : elle envahit la Macédoine, la Grèce, Carthage, etc.

19[illegible]. Onias III, g. pr. Simon, juif, jaloux de son influence, excite l'avidité de Séleucus Philopator qui envoie Héliodore piller le temple de Jérusalem. Il est exterminé par une main miraculeuse. 172. Jason évince son frère, Onias III, de la souveraine sacrificature, et lui succ. Il est bientôt supplanté par Ménélaus qui fait périr Onias. *Machabées.* 170. Jason rentre dans Jérusalem, mais il en est chassé par Antiochus IV Epiphane. Sa tyrannie. Martyre d'Eléazar et des sept frères Machabées avec leur mère. *Mathathias* prend les armes avec ses cinq fils pour affranchir la Judée. Sa m. 166. *Judas Machabée*, son fils, lui succ. Ses victoires. Apollonius, Séron, Nicanor, Gorgias, Lysias, etc. défaits. V. supplé.

R. 200. 2e *Guerre contre Philippe III.* Il est défait à la bat. de Cynocéphale par Flaminius, 19[illegible]. 200 à [illegible]. Guerre contre les deux Espagnes, citérieure et ultérieure. R. 200. *G. contre les Gaulois Cisalpins.* 197. Soumission des Cénomans, des Insubriens en 195, des Boïens en 191, des Liguriens en 1[illegible]. De 190 à 1[illegible], colonies romaines dans la Cisalpine, l'Ombrie, l'Etrurie. Per. 19[illegible]. Eumène II, fidèle allié des Romains. Ses g. avec Prusias. R. 195-19[illegible]. *G. contre Nabis.* R. 19[illegible]. *G. contre Antiochus, r. de Syrie.* Il est vaincu à la bat. de Magnésie par Scipion, l'Asiatique. 189. 189. *G. contre les Etoliens.* Ils sont soumis par Fulvius Nobilior, 18[illegible]. 188. *G. contre les Galates.* Ils sont défaits par Manlius Volso, 181. *Roy. d'Arménie.* 189. Artaxias affranchit la grande Arménie, et Zadriadès, la petite Arménie de la domination des Séleucides. La 1re est conquise par les Parthes, et devient tributaire des Romains v. l'an [illegible] ap. J.-C. La 2e devient province rom. vers le même temps. Gr. Nabis fait la g. à Philopœmen, chef de la ligue Achéenne. Antiochus appelé en Grèce par les Etoliens. Ils sont vaincus par les Romains. 18[illegible] *La ligue Achéenne en lutte ouverte avec Rome.* Philopœmen assassiné. Callicrate à Rome. Sy. 186. Séleucus IV, Philopator. Il soutient Pharnace contre Eumène. Il persécute les Juifs d'après les conseils d'Héliodore. R. 183. M. d'Annibal, et de Scipion, selon Polybe. Par. 1[illegible]. Arsace V succ. à Arsace IV. Il est vainq. des Mardes. 17[illegible]. Arsace VI, son frère. Ses victoires. Eg. 181. Ptolémée VI Philométor. Sa mère Cléopâtre, régente. Bac. 181. Eucratide succ. à Ménandre. Ses g. Il est tué par son fils Eucratide II, 14[illegible]. 1[illegible]. La Bactriane réunie à l'emp. des Parthes. V. Supplé.

200. La mosaïque en verre et en métaux. 19[illegible]. Eratosthène, sav. 18[illegible]. Plaute, poé. V. 180. Bion et Moschus, poé. Vi. Apollonius, poé. 169. *Ennius*, poé. m. [illegible]. Vi. Cæcilius, Statius et Afranius, poé. V. 1[illegible]. Térence, poé. 1[illegible]. Aristarque, gram. V. 15[illegible]. Caton le censeur, poé. V. 128. Hipparque, ast. Il avait découvert la précession des équinoxes, etc. V. 121. *Polybe*, hist. 12[illegible]. *Carnéade fonde la nouvelle académie.* Vi. Apollodore, Pacuvius et Lucilius, poé.

1er S. AV. J.-C.

Rome achève de se rendre maîtresse du monde, et se trouble elle-même. La démocratie en lutte avec l'aristocratie.

79. Alexandra, veuve d'Alexandre Jannée, régente. Rivalité sanguinaire entre les pharisiens et les saducéens. 70. Hircan II et Aristobule II, son frère, se disputent le trône. Pompée se déclare pour le 1er, et Aristobule est conduit prisonnier à Rome. Prétentions de son fils Alexandre. Antigone ravit le trône à Hircan, et en est dépouillé lui-même par *Hérode* reconnu roi par les Romains, 40. VII Epoque. NAISSANCE DE JÉSUS-CHRIST.

Cap. 90. Ariobarzane 1er, trois fois détrôné par Mithridate et trois fois rétabli par les Romains. [illegible] Ariobarzane II, etc. Sy. 9[illegible]. Séleucus VI, Nicanor, etc. Guerres, faiblesse des princes. R. 91. Tribunat de Livius Drusus. *Guerre sociale terminée par Sylla* en 89. Bi. 91. Nicomède III détrôné par Mithridate ; il institue le peuple romain son héritier, 75. R. 89. *Rivalité de Marius et de Sylla.* Proscriptions de Marius ; sa mort, 86. 88. *Guerre contre Mithridate.* Victoires de Sylla. Eg. 88. Soter II rétabli. Il reçoit Lucullus envoyé par Sylla. Sy. La Syrie se donne à Tigrane, roi d'Arménie. R. 83. *Guerre civile de Sylla.* Ses proscriptions, sa cruauté, 82 sa dictature, sa mort 79. Eg. 81. Ptolémée X Alexandre II ; il égorge Bérénice, son épouse, et est massacré lui-même. 80. Ptolémée XI Aulètes détrôné et rétabli. R. 79. *Guerre civile de Lépidus.* Troubles au sujet du tribunat qui recouvre ses attributions, 71. 79. *Guerre contre Sertorius.* 73. Il est ass. par Perpenna. R. 75. *Guerre contre Mithridate et Tigrane.* Ils sont défaits par Lucullus, puis par Pompée, 6[illegible]. 63. M. de Mithridate. [illegible] Pompée [illegible]. R. 73. *Guerre de Spartacus ou des gladiateurs.* [illegible] défait par Crassus et par Pompée, 71. R. 70. [illegible] Spartacus, 71. Rivalité de Crassus et de Pompée. [illegible] Par. 53. Arsace XII. Ses g. avec Mithridate. Arsace XIII lui succ. 38. V. Supplé.

VI[illegible] siècle Polystrate, Archias, Antipater, poé. épi. 87. Catulle, poète. m. 40. V. 55. Térentius Varron, sav. 51. Lucrèce, poé. V. 50. Cornélius Népos, hist. Sosigène, Hortensius, ora. V. 45. Diodore, de Sicile, hist. 43. CICÉRON, orat. m. [illegible]. Labérius, poé. et Publius Syrus, son cont. Fl. 41. Trogue-Pompée, hist. 35. *Salluste*, hist. V. 30. Denys, d'Halicarnasse. V. 2[illegible]. Vitruve, arch. 26. Cornélius Gallus, poé. Vi. 2[illegible]. Valère Maxime, ora. Vi. Mécène. [illegible] VIRGILE, poé. [illegible] HORACE, poé. [illegible] Tibulle, poé. [illegible] Properce [illegible]. V. Supplé.

1er S. AP. J.-C.

3. Hérode II. 2[illegible]. Pilate, procureur en Judée pour les Romains. 33. *Mort de Jésus-Christ.* Christianisme. 4[illegible]. *Saint Pierre*, que J.-C. choisit pour être le chef de son église, s'établit à Rome. 6[illegible]. *Première persécution commandée par Néron.* Mort de St. Pierre et de St. Paul. 9[illegible]. 2e *Persécution commandée par Domitien.* St. Jean sauvé par un miracle.

R. 9. Défaite des légions romaines en Germanie sous Varus, gén. Par. 9. Arsace XVI etc. R. 13. Les Romains établissent des académies à Autun, à Lyon, à Toulouse. 14. *Mort d'Auguste.* *Despotisme des princes, destruction de l'aristocratie.* 15. *Tibère.* 19. Mort de Germanicus, son neveu, en Germanie. 37. *Caligula.* 41. *Claude*, frère de Germanicus ; sa femme Messaline. Agrippine, sa 2e femme. Britannicus, fils de la première. Commencement de la conquête de la Grande-Bretagne. [illegible] *Anarchie militaire.* R. 54. *Néron*, ses cruautés, ses folies. 64. Mort de Burrhus ; 65. mort de Lucain et de Sénèque, le ph. Exploits de Corbulon. 68. *Galba*, *Othon*, *Vitellius.* *Les Flaviens.* Grandeur et sage administration de l'empire. V. S.

Potamon, ph. *d'Alexandrie, fonde l'école éclectique.* V. 1[illegible]. *Tite-Live*, hist. Labéon, [illegible] cont. de Tibère. V. 17. *Ovide*, poé. m. 60. Tibulle, poé. m. 60. 2[illegible]. Strabon, hist. m. [illegible]. V. 31. Velleius Paterculus, hist. 32. Sénèque, le ph. m. 90. V. [illegible]. Phèdre, poé. V. 60. *Quinte-Curce*, hist. *Aristobule, ph. d'Alex. fonde le mysticisme.* V. Supplé.

2e S. AP. J.-C.

10[illegible]. 3e *Persécution, comm. par Trajan.* St. Evariste, pape. Martyrs : St. Siméon, St. Ignace. 1[illegible]. 4e *Persécution, comm. par Marc-Aurèle.* Anicet, pape. Martyrs : St. Polycarpe, St. Pothin. Ste. Blandine, jeune esclave. 19[illegible]. 5e *Persécution, comm. par Septime-Sévère.* St. Victor, pape. Martyrs : Léonide, père d'Origène, en Egypte. St. Irénée.

R. 106. Dacie, prov. rom. Victoires de Trajan, en Arménie, en Assyrie, en Mésopotamie, etc. 11[illegible]. *Adrien.* *Les Antonins.* 138. *Antonin-le-Pieux*, surnommé le père de la patrie. 161. *Marc-Aurèle*, vertueux. Faustine, sa femme. Lucilla, sa fille. G. contre les Germains, les Parthes, etc. calamités. 180. *Commode*, son fils, sa cruauté. Décadence de l'emp. Fin des Antonins et du principat. *Despotisme militaire.* Pertinax. Il est ass. *Didius Julianus* achète l'emp. à l'enchère. Il est décapité. *Albinus*, *Niger* : leur triste fin. *Princes Syriens.* 193. *Septime-Sévère.* G. contre les Parthes. Il rétablit l'ordre dans la Grande-Bretagne.

V. 103. Pline le Jeune, hist. 10[illegible]. Martial, sat. 10[illegible]. *Tacite*, hist. V. 117. Florus, hist. 127. Suétone, hist. V. 13[illegible]. Arrien, hist. 138. Quintilien, ora. V. 138. Apollonius, poé. Vi. Epictète, ph. Vi. Apulée, ph. 150. Plutarque, hist. 1[illegible]. Système astronomique de Ptolémée. V. Supplé.

3e S. AP. J.-C.

235. 6e *Persécu. comm. par Maximin.* 250. 7e *Persécu. comm. par Décius.* Martyrs : le pape St. Fabien, St. Alexandre, St. Babylas, St. Pione, etc. 25[illegible]. 8e *Persécu. comm. par Valérien.* Martyrs : le pape St. Etienne, St. Cyprien. 27[illegible]. 9e *Persécu. comm. par Aurélien.* Martyrs : le pape St. Félix, St. Denis, etc.

R. 211. *Caracalla* et *Géta*, son frère. Il est tué par Caracalla entre les bras de sa mère Julia, 212. 217. *Macrin.* Il achète la paix aux Parthes. 218. *Héliogabale*, le Sardanapale des Romains. 222. *Alexandre-Sévère*, doux et juste. P. 223. 2e *Empire de Perse.* Rois Sassanides : Artaxerxès 1er. 226. Les Parthes soumis. La Perse conquise par les Arabes en 632. *Usurpateurs militaires.* — 235.-268. *Anarchie intérieure.* — *Commencement de l'invasion des barbares.* R. 235. *Maximin 1er.* Il était doué de forces physiques extraordinaires. 238. *Les deux Gordiens*, *Maxime*, *Puppien* et *Balbin.* Leur triste fin. P. 238. Sapor 1er. R. 238. *Gordien III.* Misithée, préfet du prétoire. 241. Les Francs apparaissent sur les frontières, et sont battus par Aurélien. Victoires sur Sapor. 24[illegible]. *Philippe* fait tuer Gordien. 249. *Décius.* Il périt en combattant contre les Goths, 251. V. Supplé.

V. 211. Diogène Laërce, ph. Vi. 212. Sérénus Sammonicus, poé. — Papinien, juris. 220. *St. Clément d'Alexandrie, fondateur de l'école des pères de l'église.* V. 220. Diophante, inventeur de l'algèbre. 237. Calpurnius, poé. cont. de Némésien, poé. V. 238. Hérodien, hist. V. 239. Dion Cassius, hist. V. Supplé.

4e S. AP. J.-C.

30[illegible]. 10e *Persécu. comm. par Dioclétien et Maximien.* Marcellin, pape. Martyrs : St. Quentin, St. Victor, St. Vincent, etc. 310. Luidas, pape. 32[illegible]. *Le grand empereur érige une statue à J.-C.* 325. 1er *concile général de Nicée contre les ariens.* 381. *Concile général de Constantinople.*

R. 305. *Constance Chlore* et *Galérius*, emp. Maximin II et Sévère, César. 30[illegible]. Mort de Constance. 30[illegible]. CONSTANTIN 1er, son fils, César. *Maxence*, empereur. Il rend la pourpre à *Maximien*, son père. 307. *Licinius* et *Maximin.* 310. Mort de Maximien. 311. Mort de Galérius. P. 310. Sapor II. Artaxerxès II lui succ. en 3[illegible]. R. 311. *Maxence*, *Licinius* et *Constantin.* Ce dernier bat trois fois Maxence qui se noie dans le Tibre, et embrasse le Christianisme. 312. Maximin II, vaincu par Licinius, s'empoisonne à Tarse. 313. Constantin donne la paix à l'église, et entre en lutte avec Licinius qui reçoit la mort en 324. *Le christianisme, religion de l'empire.* Expéditions de Constantin : trois contre les Francs et les Allemands en 306, 311 et 324 ; et deux contre les Goths et les Sarmates en 322 et 329. 33[illegible]. Dédicace de Constantinople. V. Supplé.

V. 3[illegible]. Lampridius, hist. Vi. Claudius Elien, hist. [illegible] Eusèbe, p. g. m. [illegible]. 3[illegible]. Naissance de St. *Augustin*, p. l., m. en 430. Vi. Ammien Marcellin, hist. 4e Siècle. V. Prudence d'Espagne, poé. Thémistius, ora. Mamertin, orateurs : Claudius Mamertinus et Eumène. m. 3[illegible]. St. Hilaire, père latin. 373. St. Athanase, père grec. V. Supplé.

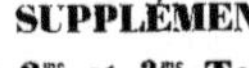

SUPPLÉMENT
Aux 2me et 3me Tableaux.

OBSERVATION : *Rapportez mentalement ou matériellement, selon les procédés indiqués, les sommaires de ce Supplément, aux tableaux et aux cadres auxquels ils se rapportent.*

Opérez les changements nécessaires dans la chronologie pour les siècles antérieurs à la fondation de Rome, si vous préférez un autre système à celui que nous avons suivi. Les premières éditions de la Méthode et de l'Atlas de M. Jh. Cutran, donnent la chronologie de 4000 ans environ avant J.-C. Nous avons cru devoir la changer pour nous conformer à l'opinion des auteurs de traités d'histoire adoptés par le Conseil royal de l'Instruction publique.

16e S. AV. J.-C.

Troisième colonne.

Le culte de Cérès régularisé. On tisse la laine, on travaille le cuivre, le fer, l'argent, etc.

15e S. AV. J.-C.

Deuxième colonne.

Les Doriens errent dans diverses contrées de la Thessalie, jusqu'à ce qu'ils font la conquête du Péloponèse.
Eg. Pheron, fils de Sésostris. Ce roi et ses succ. jusques et y compris Bocchoris, appartiennent aux 19.me, 20.me, 21.me, 22.me, 23.me et 24.me dynasties.
Gr. 1131. *Persée*, fils de Danaé, fille d'Acrisius, 1.er roi de Mycènes.

Troisième colonne.

1300. Monnaie d'or et d'argent chez les Lydiens.
1123. Musée, poë.

14e S. AV. J.-C.

Première colonne.

Sous Jabin, roi des Chananéens.
1319. Gédéon délivre le peuple de la 5.me servitude par sa victoire sur les Madianites. 1309. Abimelech gouverne. 1306. Thola gouverne.

Deuxième colonne.

Gr. 1334. *Œdipe*, fils de Laïus et de Jocaste, règne à Thèbes. Ses malheurs. Il est chassé par ses deux fils, Etéocle et Polynice. Sa mort à Colone.
Guerre de ses deux fils. 1313. *Siége de Thèbes* où ils périssent. *Guerre des Epigones.*
Ly. 1350. Omphale. Hercule esclave à sa cour.
Tr. 1317. Laomédon. Priam lui succ. en 1311.
Gr. 1334. Sisyphe à Corinthe qui avait été fondée par Ephyre, sœur d'Inachus.
Gr. V. 1330. EXPÉDITION DES ARGONAUTES, CHEF JASON. Hercule, Orphée, Pélée, Laërte, Télamon, etc.
Gr. *Exploits d'Hercule.*
Gr. 1323. *Règne de Thésée, fils d'Egée, à Athènes.* Ses exploits, ses établissements. Il forme un seul peuple des douze bourgs d'Athènes.
Gr. 1320. Minos II, roi.
Gr. 1309. LES PÉLOPIDES, CHEF EURISTHÉE, CHASSENT LES HÉRACLIDES DU PÉLOPONÈSE.
Mort d'Euristhée. Atrée, son beau-frère et fils de Pélops, succ. à sa puissance.
Gr. 1303. Thersandre règne à Thèbes. Pénélée lui succ. en 1280.

13e S. AV. J.-C.

Deuxième colonne.

Af. V. 1259. *Les Phéniciens fondent Carthage.*
Ly. 1219. *Dynastie des Héraclydes.* Argon. Candaule, dernier roi. Il est ass. par Gygès en 708.
Gr. V. 1210. Rentrée des Cadméens à Thèbes avec les Eoliens d'Arné.
Après la guerre de Troie, la Grèce devint le théâtre de guerres violentes entre les peuples qui l'habitaient. De là, les conquêtes de l'Hæmonie (Thessalie) par les Thessaliens et Doriens ; de Thèbes avec une partie de la Béotie par les Œoliens d'Arné et les Cadméens ; du Péloponèse par les Doriens et les Héraclydes.

12e S. AV. J.-C.

Deuxième colonne.

Colonies.

Trois époques donnent naissance aux colonies grecques : 1° les conquêtes des Thessaliens ; 2° le règne de l'oligarchie ; 3° et celui des tyrannies. Elles sont le résultat de l'oppression et de la proscription.

Dans l'Asie Mineure :

Gr. 1189. Emigration Eolienne. 1132. Emigration Dorienne. 1130. Emigration Ionienne.
Colonies dans les îles de Cypre, de Crète, dans les Cyclades et l'Eubée en Sicile, en Italie, dans la Gaule, l'Espagne et l'Afrique.

10e S. AV. J.-C.

Deuxième colonne.

907. Achab, impie, règne 19. Il épouse Jézabel qui rétablit le culte des divinités phéniciennes. Miracles d'Elie. Meurtre de 70 prêtres de Baal. Achab, secouru par Josaphat, met en fuite les Syriens. Il usurpe le champ de Naboth. Il meurt dans une g. contre les Syriens.

9e S. AV. J.-C.

Première colonne.

870. Joas règ. 40.
Il fait lapider le prophète Zacharie. Guerres étrangères. Joas est ass.
831. Amasias règna 28.
Il venge la mort de son père. Vainqueur des Iduméens, il est battu par Joas, roi d'Israël. Il est ass. par ses sujets.
803. Ozias règna 52.
Il triomphe des Arabes, des Ammonites, des Philistins, tant qu'il suit les conseils de Zacharie. Il meurt misérablement.

Deuxième colonne.

848. Joachas règna 16.
Il mêle le culte du veau d'or à celui du vrai Dieu. Son peuple est accablé de maux par les Syriens, selon les prédictions d'Elisée.
832. Joas règna 16.
Il reprend aux Syriens les villes qu'ils avaient prises, et triomphe d'Amasias.
817. Jéroboam II règna 50.
Ses conquêtes sur les Syriens. Jonas, Osée, Amos et Abdias, prophétisent.

Troisième colonne.

En Elide, sous l'an des succ. d'Iphitus, v. 780 ; à Corinthe après la mort de Télestus, v. 747.
En Arcadie, après le supplice du traître Aristocrate II, 668.
En Messénie, après la retraite d'Aristomène, 668.
En Thessalie, Aulide, Phocide, Locride, entre la guerre de Troie et la guerre persique (dates inconnues).
Gr. 807.-657. Les Prytanes à Corinthe.

8e S. AV. J.-C.

Première colonne.

Il reprend aux Philistins les places dont ils s'étaient emparés, et refuse de payer à Salmanasar le tribut imposé à son père. Sennachérib assiége Jérusalem. Il est exterminé par la main de Dieu. Ezéchias répare les maux de la guerre.

Deuxième colonne.

725. Osée, usurpateur, règne 8. Captif de Salmanasar qui met fin au roy. d'Israël, en 718 (Tobie).

Troisième colonne.

Gr. 744. 1.re guerre de Messénie. Aristodème.
N. 742. Téglath-Phalasar. Il envahit Damas et Gessur, 723.
Md. 733. Déjocès fonde Ecbatane, et réforme les mœurs.
N. 725. Salmanasar.
R. 715. Numa Pompilius. Il adoucit les mœurs. Ses institutions.
Eg. 25.me *Dynastie.* L'aveugle Anysis. Sabacon (dates inconnues).
Eg. 713. Séthos, prêtre de Vulcain, roi.
N. 712. Sennachérib. Ses guerres et ses défaites contre Ezéchias, Séthos et Tharaca.
Ly. 708. *Dynastie des Mermnades.* Gygès ; Ses guerres contre Smyrne, Milet, etc.
N. 707. *Asar-Addon.* Il s'empare de Babylone.

718. Le niveau, l'équerre, par Théodore de Samos.
Vi. Canon, peintre, Archiloque, poë.

7e S. AV. J.-C.

Première colonne.

608. Joachim, frère de Joachas, détrôné et captif. *Prise de Jérusalem par Nabuchodonosor II.* 606. *Commencement des 70 ans de la captivité des Juifs à Babylone.* Vi. Jérémie et Baruch, g. p.

Deuxième colonne.

Gr. 658. Fondation de Byzance.
B. 625. *Nabopolassar* prend le titre de roi, et s'empare de Ninive, en 625, aidé de Cyaxare.
R. 640. Ancus Marcius. Il agrandit la ville.
63[illegible]. Roy. de [illegible] [illegible]
IIe EMPIRE DES ASSYRIENS.
As. 625. *Nabopolassar.*
Gr. 624. *Législation de Dracon à Athènes.* 620. Guerre des Spartiates contre les Arcadiens-Légéates et les Argiens jusqu'en 545.
Eg. 617. Néchao. Il bat Nabopolassar.
R. 616. Tarquin l'Ancien. Il embellit la ville.
Gr. 612. Cylon tente de rétablir la roy. à Athènes.
Ly. 610. Halyatte. Guerre avec Cyaxare. Eclipse de soleil.
As. 606. RÈGNE DE NABUCHODONOSOR II.
Il bat Néchao, s'empare de Jérusalem qui est saccagée, assiége Tyr et la prend ; soumet les Sydoniens, les Ammonites, parcourt l'Egypte en vainqueur. La peste l'en chasse. Il rapporte d'immenses richesses. Il tombe en démence, [illegible]

68[illegible]. Callinus d'Ephèse, poë. Tyrtée, poë.
Vi. 610. Alcée, poë. contemporain de Sapho, poë.

6e S. AV. J.-C.

Première colonne.

Nabuchodonosor marche pour la 4me fois sur Jérusalem. Il en suspend le siége pour aller combattre Apriès, roi d'Egypte. De retour en Judée, il prend et saccage Jérusalem, en transporte les habitants avec les fils du roi qui est lui-même chargé de chaînes, et conduit à Babylone. 587. *Fin du roy. de Juda.*
Trois jeunes Hébreux, Ananias, Azarias et Misaël, jetés dans une fournaise ardente. Daniel sauve Susanne. Il est jeté dans une fosse aux lions et sauvé miraculeusement. (Daniel, g. pr. Aggée, Malachie, pr.)
538. *Fin de la captivité par Cyrus.* Retour des Juifs en Judée, sous la conduite de Zorobabel et du grand prêtre Jésus ou Josué.

VIe ÉPOQUE.

Les Juifs soumis à l'autorité d'un gouverneur et à l'influence des grands prêtres. Idum., g. pr.

Deuxième colonne.

590. Bellovèse et Sigovèse.
Gr. 594. Corinthe s'érige en république.
5[illegible]. [illegible] Agrigente. [illegible]
R. 578. Servius Tullius divise le peuple en centuries.
Ma. 570. Invasion des Illyriens et des Thraces, pendant la minorité d'Amyntas.
Ph. 572. *Nouvelle Tyr.* Baal, premier suffète. Cette ville est prise par Alexandre en 332. 372. Sidon est soumise à Nabuchodonosor II, et devient plus tard tributaire des Perses.
Eg. 570. Amasis.
As. 562. Evilmérodac, cruel, déposé, est ass.
Gr. 561. Pisistrate à Athènes.
Md. 560. Cyaxare II.
As. 560. Nériglissor. Il est tué dans une bataille contre Cyrus, venu au secours de son beau-père, Cyaxare II.
[illegible] EMPIRE DES PERSES.
As. 555. Laborosoarchod, vicieux comme Evilmérodac, est ass. 554. Labynit ou Balthazar, impie, tué par les armes de Cyrus en 538. *Fin du 2e empire des Assyriens.*
Af. 5[illegible]. Malée, premier suffète connu à Carthage.
Ly. 548. Crésus défait à la bataille de Thimbrée par Cyrus. *La Lydie est réunie à l'empire des Perses.*
[illegible]
Ma. 538. Amyntas Ier. Ses vertus. Ambassadeurs de Darius qui demandent la terre et l'eau ; ils sont mis à mort par Alexandre Ier, fils d'Amyntas. Intrigues de Bubarès. Huit rois jusqu'à Amyntas IV en 388.
R. 534. Tarquin le Superbe. Son despotisme.
P. 530. Cambyse, roi de Perse.
Eg. 529. Psammétik détrôné par Cambyse en 525.
P. 522. Le mage Smerdis. 522. Darius. Aman, Esther et Mardochée. [illegible] Roy. de Pont. Artabaze. [illegible]
[illegible]
Gr. 511. [illegible] de Clisthènes et d'Isagoras.
[illegible] Exil des Pisistratides, Hipparque et Hippias. [illegible] par Harmodius, secours d'Aristogiton et le 2d est chassé d'Athènes.
R. 509. EXIL DES TARQUINS. ROME EN RÉPUBLIQUE.
P. 501. *Révolte de l'Ionie contre Darius.*

Troisième colonne.

Vi. Le 2e Anaximandre, ph. Thalès, ph. Phocylide de Milet, poë. Anaximandre, ph. Pythagore, ph. et pr. d'Anaximène, ph. Héraclite, ph. Anacréon, po. Epiménide, Chœrilus, po.
500. Les cadrans solaires, par Anaximène de Milet.
5[illegible]. Zénon d'Elée, ph.

5e S. AV. J.-C.

Deuxième colonne.

Gr. 490. Exil de Thémistocle ; sa m. en 465. Mort d'Aristide v. 467.
Gr. 4[illegible]. Cimon porte secours à l'Egypte révoltée contre les Perses.
Gr. 46[illegible]. 3e *Guerre de Messénie*, 10 ans. Archidamus. [illegible]
R. 462. Les Terentilla. Q. Cincinnatus tiré de sa charrue.
Ma. 454. Mort d'Alexandre Ier ; Perdiccas II lui succ.
R. 451. *Décemvirat.* 449. *Son abolition.* Appius Claudius.
G. P. Exil de Cimon. Son rappel. 450. Il renouvelle la guerre contre les Perses, choisit Mégabyze et Artabaze. Cimon en Cypre. 449. *Traité avec Artaxerxès. Mort de Cimon.*
Gr. *Périclès essaie de faire reconnaître la suprématie d'Athènes sur Lacédémone. Ses guerres, ses succès.*
445. Paix entre Sparte et Athènes.
R. 445. *Tribunat militaire.* 443. *Censure.*
Gr. 440. *Périclès*, vainqueur des Samiens, détruit leur ville. 435. Guerre de Corcyre contre Corinthe.
431. GUERRE DU PÉLOPONÈSE. PÉRICLÈS.
Démosthène, Hippocrate, Cléon, Nicias, Archidamus, Brasidas. Peste d'Athènes. 429. *Mort de Périclès.* 427. Destruction de Platée. Les Athéniens vaincus à Délium et à Amphipolis où périssent Cléon et Brasidas.
Ma. 423. Archélaüs Ier. Il attire à sa cour le poète Euripide.
P. 424. Xerxès II, Sogdien. 423. Darius II Nothus.
Gr. 421. *Paix de Nicias.*
Gr. *Guerre renouvelée. Ambition d'Alcibiade.*
415. *Expédition des Athéniens en Sicile.* Alcibiade, Nicias, Lamachus. Alcibiade rappelé et proscrit. Gylippe fait lever le siége de Syracuse. Nicias et Démosthènes mis à mort.
Gr. 412. *Ligue contre Athènes*, chef Alcibiade. Son retour à Athènes. Ses victoires sur Mindare et Hermocrate. Sa disgrâce. Il est remplacé par dix généraux. Conon, etc. — Callicratidas tué à la bataille des Arginuses, 406. 405. *Bat. d'Ægos-Potamos gagnée par Lysandre.* 404. *Mort d'Alcibiade.*
Les trente tyrans à Athènes. Patriotisme de Thrasybule. *Les dix. Ils sont déposés.*
[illegible]
Af. 410. Denis. Ses réformes. 410. Défaite de Sélinonte et d'Egeste. Annibal, fils de Giscon, [illegible] *Denys l'Ancien.* [illegible] Premier guerre contre les Carthaginois. 403. Conquête de Denis. Deuxième guerre contre les Carthaginois.
R. 40[illegible]. Siége de Veies.
Ma. 40[illegible]. Oreste. [illegible] Archélaüs II.
P. 40[illegible]. Artaxerxès Mnémon.
P. 401. *Expédition du jeune Cyrus.* Bat. de Cunaxa. Retraite des dix mille. Cléarque, Xénophon.

Troisième colonne.

426. *Anaxagore*, ph. m. 72. Archélaüs, son disc. [illegible] Aristophane, [illegible] *Aristippe*, chef de l'école cyrénaïque. Vi. Méton, astr. 419. Gorgias [illegible] Archytas, ph.
Ph. [illegible] Leucippe, ph. Démocrite, son disc. [illegible] Euripide, po. m. 73. [illegible] Sophocle.
Vi. [illegible] Antiphon, ora. [illegible] Théramène, ora. — Phidias, sculp. [illegible] Critias, [illegible] Protagoras, ph.

4e S. AV. J.-C.

Deuxième colonne.

P. 386. Artaxerxès fait la guerre à Evagoras. [illegible] de Cypre et d'Athènes. Guerre contre les Cadusiens. Révoltes de Thyus, d'Aspis et de Datame.
374. G. contre l'Egypte.
Gr. 384. Vengeance des Lacédémoniens contre les villes qui ont favorisé leurs ennemis. Eudamidas, Phébidas. Prise de Thèbes. Patriotisme de Pélopidas et d'Epaminondas. *Guerre ouverte entre Sparte et Thèbes.* 371. Bat. de Leuctres. Cléombrote y est tué.
Ma. 370. Alexandre II. Il périt par la trahison de sa mère. Pausanias usurpe le trône. 369. Ptolémée Alorite, régent des frères d'Alexandre II.
Pe. 370. Mort de Jason. *Première invasion d'Epaminondas.* — Agésilas, Iphicrate. 368. Alliance de Lacédémone avec les rois de Perse et de Syracuse.
S. 368. Denys le Jeune. Dion, Callipe, Hipparinus, Nypsius. Denys recouvre l'autorité.
Gr. *Deuxième invasion d'Epaminondas.* 367. [illegible]
Ma. 365. Perdiccas III. Il périt dans une guerre contre les Illyriens.
R. 365. *Deuxième invasion des Gaulois.* Camille. [illegible]
P. 365. Ambassade des Grecs à la cour de Perse.
Gr. *Troisième invasion d'Epaminondas.* 363. M. de Pélopidas. 362. Nouveaux troubles dans le Péloponèse. *Quatrième invasion d'Epaminondas.* 362. Bat. de Mantinée. *Mort d'Epaminondas.*
Pon. 363. Ariobarzane II, [illegible] Mithridate Ier.
P. 362. Révolte de l'Asie Mineure.
C. P. 362. Expédition d'Agésilas en Egypte. Sa m. en Lybie.
P. 360. Ochus. Révolte d'Artabaze, de Cypre, de la Phénicie, de l'Egypte.
R. 362. *Troisième invasion des Gaulois.* Manlius Torquatus. 350. *Quatrième invasion.* C. Sulpicius.
356. *Les plébéiens admis à la dictature et à la censure en* 351. 350. *Cinquième invasion.* Popilius Lenas.
Ma. 360. *Philippe* II. Ses conquêtes en Thrace, en Illyrie. Il s'empare d'Amphipolis, de Pidna. Il épouse Olympias. 358-356. *Guerre sociale.* Charès, Cabrias, Iphicrate, Timothée. 356. *N. d'Alexandre.*
Gr. 355-352. *Guerre sacrée.* Les Thébains contre les Lacédémoniens et les Phocidiens. Philomèle. Sa m. en 353. Onomarque. Sa m. 352. Phayle lui succ.
Ma. 352. Philippe à Pella. Son invasion dans le Péloponèse.
Ma. 347. *Prise d'Olynthe.* 346. Fin de la guerre. Philippe admis au conseil Amphictyonique.
Ma. 344. Phocion, Démosthène. Diverses expéditions de Philippe.
Si. Timoléon à Syracuse, et Denys à Corinthe.
R. 343.-272. *Guerre contre les Samnites, durée* 71 *ans. Première guerre.* Valérius Corvus, Papirius Cursor, les deux Décius, etc. 341. Paix. 340. Soulèvement des Latins. Manlius Torquatus, Décius Mus, etc. 338. Droit de cité accordé aux Latins. 337. Loix de Publius Philo.
Ma. 338. *Deuxième guerre sacrée.* Prise d'Elatée. 338. Bat. de *Chéronée.* Philippe répudie Olympias, et épouse Cléopâtre. Il est ass. par Pausanias, 336.
Pon. 337. Mithridate II est ass. par ordre d'Antigone en 302. Mithridate III.
P. 336. *Darius Codoman succ. à Arsès.*
Ma. 336. AVÉNEMENT D'ALEXANDRE.
Son expédition contre les Thraces, les Gètes et les Illyriens. 335. Son expédition contre la Grèce révoltée. 334. *Expédition contre les Perses.* Bat. du Granique ; conquête de l'Asie-Mineure. Clytus. Memnon-le-Rhodien. 333. Bat. d'Issus. Conquête de la Célésyrie, de la Phénicie, de la Palestine, de l'Egypte. 331. Bat. d'Arbelles. 330. *Darius ass. par Bessus et Nabarzane.*
Fin de la monarchie des Perses.
R. 327. *Deuxième guerre contre les Samnites.* Publius Philo, Papirius Cursor, Fabius, etc. Véturius et Posthumius aux Fourches-Caudines. Conquêtes des Romains en Apulie, en Campanie.
Roy. de Cappadoce. Ariarathe II, gouv. Alexandre lui laisse le titre de roi. Son supplice en 321. Ariarathe III, IV, etc.
Ma. 327. Expédition d'Alexandre dans l'Inde. Conquêtes en deçà de l'Indus ; de l'Indus à l'Hyphase. Porus. De l'Hyphase à l'embouchure de l'Indus, puis à Babylone, 323. *Mort d'Alexandre.*
Ma. *Famille d'Alexandre* : Roxane, sa femme, qui met au monde, un mois après, un enfant qui porte le nom d'Alexandre Aigus ; Statira, 2me femme, mise à mort par la 1.re ; Olympias, sa mère ; Cléopâtre, sa sœur ; Philippe Arrhidée, son frère par son père ; Thessalonice, sa sœur par son père ; Eurydice, tante de Philippe, père d'Alexandre, qui épouse depuis Arrhidée.
Ma. *Perdiccas* fait déclarer comme succ. à Alexandre le fils que Roxane mettra au monde, conjointement avec Arrhidée, frère du conquérant, et donne une partie de la régence et de la tutelle à Cratère, Antipater, Léonat et Méléagre.
Premier partage des états d'Alexandre entre ses généraux.
Ma. Révolte des Grecs d'Asie et d'Europe, d'Ariarathe, des Pisidiens.
323.-322. *Guerre Lamiaque.* Antipater vaincu par Léosthènes, chef des confédérés. Mort de Léonat en Grèce.
322.-320. *1re Ligue d'Antipater, Cratère, Antigone, Ptolémée*, contre Perdiccas et Eumène qui succombent.
Ma. Mort de Cratère et de Néoptolème. 320. Perdiccas en Asie, en Egypte. Il est tué par ses soldats.

Régence de Pithon et d'Antipater.

Deuxième partage. Antigone bat Eumène et le renferme dans la citadelle de Nora. Victoires de Ptolémée en Judée, Phénicie, Célésyrie.
Si. V. 320. Usurpation de Sosistrate. 317. Agathoclès. [illegible]
Roy. de Bithynie. 320. Mort de [illegible]. Ses g. avec Lysimaque.
Ma. Olympias se sauve en Epire avec Alexandre Aigus et Roxane. Antipater s'entoure des autres membres de la famille royale : d'Arrhidée, d'Eurydice, de Thessalonice. *Cassandre en Asie.* Mort d'Antipater.

320.-315. Régence de Polyspercbon.

2e Ligue de Cassandre, d'Antigone, de Ptolémée contre Polyspercbon et Eumène.
Guerre en Grèce et en Macédoine. Olympias fait périr Eurydice et Arrhidée. *Cassandre* fait périr Olympias. Guerre dans l'Hellespont et la haute Asie. Antigone fait périr Eumène.
315. *3e Ligue de Lysimaque, des deux Cassandre, de Ptolémée*, contre Antigone et son fils Démétrius.
315.-311. Guerre en Grèce, en Asie-mineure, en Syrie, Phénicie, Palestine, à Babylone et dans la haute Asie. *Traité de* 311. *Cassandre* ordonne la m. d'Alexandre Aigus et de sa mère. Polyspercbon fait périr Hercule, fils naturel d'Alexandre-le-Grand. *Extinction de la famille d'Alexandre.*
R. 311. Les Samnites unis aux Etrusques, aux Ombriens, aux Gaulois. — Fabius, etc. 309. Destruction de la nation des Eques. 304. Censeurs célèbres : Fabius, Appius.
308.-301. *4e Ligue de Lysimaque, Cassandre, Séleucus, Ptolémée*, contre Antigone et Démétrius.
308. Ptolémée en Asie-Mineure et en Grèce. Démétrius en Grèce ; dans l'île de Cypre en 307, dans l'Egypte en 306, dans l'île de Rhodes en 305 ; Séleucus dans l'Inde, *Cassandre* en Grèce ; ses progrès ; 2e expédition de Démétrius en Grèce, 303.
301. *Bat. d'Ipsus.* Antigone y est tué, son fils se retire en Grèce.
Dernier partage : Lysimaque a la Thrace, etc. Séleucus, la Syrie, etc. Ptolémée, l'Egypte, etc. et Cassandre la Macédoine, etc.

Troisième Colonne.

347. PLATON, ph.
chef des académiciens, m. 81.
338. Isocrate, ora. 336. Alexis, po. Vi. Pyrrhon, ph. Vi. 332. Apelles, peint. 325. Lycurgue, ora.
323. Diogène, ph. 322. *Eschine*, ora. m. 75.
DÉMOSTHÈNE, ora. m. 59.
ARISTOTE, ph.
chef des péripatéticiens, m. 63. Hypéride, ora.
321. Tapisseries à Pergame. 320. Dinarque, ora.
V.— Praxitèle, peint. 317. Phocion, ora.
V. 316. Démétrius de Phalère, ph.

3e S. AV. J.-C

Première colonne.

Diverses sectes se forment ; *Les pharisiens, les saducéens, les esséniens.*
Ptolémée Philopator à Jérusalem. Ses cruautés.
203. *Antiochus-le-Grand* s'empare de Jérusalem. Son humanité, sa tolérance.

Deuxième colonne.

R. 287. Le peuple sur le mont Janicule. Appius Claudius, Hortensius.
Eg. 285. Ptolémée Philadelphe. Version des septante. Ptolémée III. Evergète lui succ. en 247. Bérénice.
Sy. Séleucus vainq. de Démétrius en 285, de Lysimaque en 282, et est assassiné par Ptolémée Céraunus en 281. Son fils Antiochus Ier. Soter lui succ. Ses g. avec Zipœtès, Nicodème, les Gaulois, les Egyptiens.
R. 283. Les Gaulois vaincus. 282. Les Bruttiens, les Lucaniens, les débris des Samnites. Id. *Roy. de Pergame.* 283. Philétère. Sa révolte contre Lysimaque.
Ma. 282. Lysimaque vaincu et tué par Séleucus qui est ass. par Ptolémée Céraunus, 281.
Ma. Les quatre roy. réduits à trois : 1° celui de Syrie, 2° d'Egypte, 3° de Macédoine. Ptolémée Céraunus dispute le trône de Macédoine à plusieurs princes, et en reste maître jusqu'à l'invasion des Gaulois, 281.
R. 282. *Guerre contre les Tarentins et contre Pyrrhus.* 280. Bat. d'Héraclée. 278. Bat. d'Asculum. Générosité de Fabricius. 275. Pyrrhus vaincu à Bénévent par Curius Dentatus. 275.-265. Soumission définitive de l'Etrurie, de l'Ombrie et de la Grande-Grèce. 272. Spurius Carvilius soumet définitivement les Samnites.
Ma. 278. Antigone de Goni recouvre le roy. de Macédoine. Ses g. avec les Gaulois, avec Pyrrhus qui est tué en 272. Son fils Alexandre défait par Démétrius II, fils d'Antigone.
Si. 260. Hiéron II fait le bonheur de ses sujets.
Pon. 266. Mithridate IV. Tentatives des Galates. Mithridate V lui succ. en 222.
264.-241. PREMIÈRE GUERRE PUNIQUE.
Appius Claudius, Duilius, *Régulus*, Métellus, etc.— Amilcar Barca, Xantippe.
Per. 263. Eumène Ier. Ses succès contre le roi de Syrie. 241. Attale Ier. Ses victoires.
Sy. 260. Antiochus II Théos. Ses g. avec Byzance et l'Egypte. Sa fem. Bérénice. Il est empoisonné par Laodice.
Roy. de Bactriane. 255. Théodote Ier, roi. Ses g. avec Arsace.
Roy. des Parthes. 255. Arsace. 253. Arsace II. Ses conquêtes.
Gr. 251. Aratus délivre Sycione. Il devient le chef de la ligue Achéenne en 250. Ses tentatives, ses succès.
Bi. v. 250. Mort de Nicomède, meurtrier de ses frères. Le trône est disputé par Zibaas, Ziélas, etc.
Sy. 246. Séleucus II, le Victorieux, en g. avec Ptolémée III, Antiochus, Eumède, etc.
Gr. 244. Agis, roi de Sparte. Ses tentatives de réforme. Il est mis à m. par Léonidas qui lui succ.
Ma. 243. Mort d'Antigone de Goni ; régence de Démétrius II. Antigone Doson lui succ. en 232. Il fortifie le pouvoir macédonien.
Bac. 243. Théodote II. Il fait un traité avec Arsace, et est tué par Euthydème.
R. 241. Soumission des Falisques ; 230, de la Sardaigne et de la Corse, des Boïens en 225. 222. *Soumission*

Suite du SUPPLÉMENT aux 2e et 3e Tableaux.

apparente de la Gaule Cisalpine: de la Ligurie, de l'Insubrie, de l'Istrie en 221; de l'Illyrie en 219.

Bi. 237. Prusias. Ses démêlés avec Eumène.

Gr. 235. Cléomène. Ses projets, ses réformes. Vaincu par Antigone à la bat. de Sellasie, 222, il fuit en Egypte où il périt. Sparte soumise à l'influence de la Macédoine.

Sy. 225. Séleucus III, Céraunus, empoi. par deux Gaulois. 222. *Antiochus-le-Grand.* Révoltes d'Hermias, de Molon et d'Alexandre, et d'Achœus. G. d'Antiochus contre l'Egypte, en Orient, contre Rome; battu aux Thermopyles en 190 par Glabryon, à Magnésie en 189 par L.-C. Scipion, il pille le temple de Bélus et est ass. 186.

Eg. 222. Ptolémée IV, Philopator. Ses cruautés; Il vainc Antiochus-le-Grand, 216.

Gr. 221. Ambition des Ætoliens. 220. G. des deux ligues œtolienne et achéenne.

R. 219.-201. 2e GUERRE PUNIQUE.

Amilcar Barca, *Annibal*, Asdrubal. Siège de Sagonte en Espagne. 218. Passage des Alpes par Annibal. Scipion vaincu près du Tésin, Sempronius près de la Trébie, Flaminius près le lac de Trasimène. Tactique de Fabius. 216. *Bat. de Cannes.* Le téméraire Varron y est vaincu.

Par. 217. Arsace III. Ses luttes avec Antiochus-le-Grand.

Si. 215. Hyéronyme; sa m.

214. Démocratie jusqu'à la réduction de la Sicile en province romaine en 210.

R. *Annibal* à Capoue. Victoires de Marcellus. 215. Défaite et m. de Postumius Albinus. Victoires de Manlius Torquatus sur les Sardes. Marcellus prend Syracuse. 212. Mort d'Archimède. Les deux Scipion périssent en Espagne. Scipion, fils de l'un d'eux venge leur m. Asdrubal vaincu et tué près du Métaure par Néron. 207. Annibal dans le Brutium.

R. 214. *I.re g. des Romains contre Philippe III, r. de Macédoine.* 205. Paix.

R. 205. *Scipion consul.* Il passe en Afrique et gagne la *Bat. de Zama* sur Annibal, 202. Il est surnommé l'*Africain*.

Eg. 205. Ptolémée V, Epiphane. Guerres civiles. L'Egypte attaquée par Antiochus-le-Grand.

Troisième Collonne.

V. 284. Bérose, hist. Vi. Philétas, po. V. 278. Manéthon, hist. 270. *Epicure, chef de sa secte*, m. 70. Fl. 270. Zoïle, rh. *Pléiade poétique.* Alexandre l'Etolien, philiscus, de Corcyre, Sosithée, Homère le Jeune, Æantide, Sosiphane et Lycophron.

264. *Zénon, chef des stoïciens.* 250. Horloges d'eau chez les Egyptiens. Vi. 240. Machon, po. 240. Livius Andronicus, po. 234. Orgues hydrauliques. 224. Le colosse de Rhodes renversé. 220. Les miroirs ardents, la vis sans fin et la vis inclinée, les leviers d'Archimède.

Vi. 204. Nævius, po., Fabius Pictor, ora.

2e S. AV. J.-C.

Première colonne.

164. Mort d'Antiochus. Antiochus Eupator, son succ. et puis Démétrius Soter éprouvent la valeur de Judas, qui est tué en 161. Jonathas lui succ. Ses revers, ses succès, sa m. 144. Simon, ses victoires, sa m. 136. Jean Hircan, son fils. Ses succès, sa m. 107. Aristobule I.er lui succ. Il prend le titre de roi. Ses cruautés envers sa famille. 106. Alexandre Jeannée. Ses g. avec Ptolémée Lathyre, etc. Ses succès, ses cruautés.

Deuxième colonne.

R. 180. Soumission des Lusitaniens, des Celtibériens en 179; nouvelles révoltes de ces derniers en 175 et 170.

Ma. 178. Persée succ. à Philippe III.

R. 178. Conquête nouvelle de l'Istrie, de la Sardaigne en 177, de la Corse en 163, de la Dalmatie en 155.

Sy. 174. Antiochus IV, Epiphane. Ses g. contre l'Egypte, ses persécutions contre les Juifs.

R. 172. *Guerre contre Persée.* Il est défait à Pydna par Paul-Emile, 168.

Sy. 164. Antiochus V Eupator. 162. Démétrius Soter. Sa cruauté, ses débauches. Conspirations. La vie lui est enlevée par Alexandre Bala, 149, qui lui succ.

Per. 157. Attale II. Ses g. avec Prusias. Ses richesses. Il est empoisonné par Attale III, 137.

R. 149. 3e GUERRE PUNIQUE.

Caton le Censeur, Scipion Nasica. 146. *Prise et destruction de Carthage par Scipion Emilien.*

R. 149. *Guerre contre Viriathe en Espagne.* Il est ass. en 140.

Bi. 148. Nicodème II, meurtrier de son père. Ses g. avec Mithridate.

R. 148. *Guerre contre Andriscus.* Il est défait par Métellus en 146.

Macédoine, province rom.

147. *Guerre contre la ligue achéenne.* 146. *Mummius détruit Corinthe.*

Eg. 146. Ptolémée Eupator. Il est égorgé par Ptolémée Evergète II, époux de Cléopâtre.

Sy. 146. Démétrius II Nicanor détrôné par Antiochus VI, remonte sur le trône jusqu'en 125. Sa femme Cléopâtre. Intrigues de Tryphon.

Par. 138. Arsace VII. Il est vaincu par Antiochus Sidétès et massacré par les Scythes.

R. 139. *Révoltes des esclaves en Sicile.* Ils sont réduits en 133. 133. Destruction de Numance. 133. *Tribunat de Tibérius Gracchus.* 132. Sa m.

Per. 132. Attale III lègue son roy. aux Romains.

132. *Aristonic* prince de Pergame. 129. Il est défait par les Romains.

Pergame province rom.

Cap. 129. Ariarathe VII. Mithridate le fait ass. Ariarathe VIII poignardé par Mithridate, 107.

Par. 127. Arsace VIII périt de la main des Scythes. Rivalité des princes; guerres.

R. 126. *Guerre des Romains dans la Gaule Transalpine.*

La partie conquise est réduite en prov. rom. en 115.

Sy. Guerre contre les Parthes. 125. Alexandre Zébina. Guerres civiles, révoltes. Séleucus V. 123. Antiochus VIII, Grypus, fils de Cléopâtre, partage le roy. avec son frère Antiochus le Cyzicénien, 112.

R. 124. *Tribunat de Caius Gracchus.* 122. Sa m. 128. Metellus Calvus porte la guerre en Dalmatie.

Pon. 123. *Mithridate VII, le Grand.* Ses cruautés, ses g. contre les Scythes, etc., contre Rome; sa m. en 65 av. J.-C.

Pont prov. rom.

Eg. 117. Ptolémée VIII, Soter II. Il répudie Cléopâtre pour épouser Sélène, sa 2e sœur. Il est chassé d'Eg.

R. 115. *Guerre contre le Scordisques.* Ils sont vaincus, 113. 114. *Guerre contre les Cimbres et les Teutons.* Ils sont vaincus 103, 102.

R. 113. *Guerre contre Jugurtha.* 112. Paix. Guerre renouvellée. Metellus, *Marius, Sylla*. 106. Mort de Jugurtha à Rome.

Eg. 107. Ptolémée IX, Alexandre I.er fait périr Cléopâtre, sa mère.

R. 106. *I.er Consulat de Marius.* 105. 2e *Révolte des esclaves en Sicile.* Ils sont réduits en 102. Séditions excitées par Saturninus. Il est mass.

1er S. AV. J.-C.

Deuxième colonne.

R. 67. *Conspiration de Catilina.* 67. *Guerre contre les pirates.* Ils sont exterminés par Pompée. 66. *Guerre contre les Juifs et autres peuples d'Asie.* Hircan II rétabli sur le trône, 64.

R. 64. *Consulat de Cicéron.* 63. Mort de Catilina.

Sy. 64. La Syrie prov. rom.

R. 60. *Premier triumvirat.* Pompée, César et Crassus. 59. Tribunat d'Appius Claudius. Caton est éloigné et Cicéron exilé. 59.-50. *Conquête de la Gaule par César.* — Vercingétorix. 57. Retour de Cicéron. 55. Expédition de Gabinius en Judée et en Egypte. Défaite de Crassus. Sa m. 53. 52. Claudius tué par Milon.

Eg. 52.-30. *Cléopâtre.* Ptolémée XII et Ptolémée XIII, ses frères. Leurs rapports avec Rome.

R. 49. *Guerre civile entre César et Pompée.* 48. *Bat. de Pharsale.* Mort de Pompée en Egypte. 48. *Guerre civile jusqu'à la bat. de Munda*, 45. *César dictateur et emp.* 44. *sa m.*

Trois partis s'agitent à Rome: celui des meurtriers de César, celui de ses vengeurs et celui d'Octave, son héritier.

R. 43. *Second triumvirat.* Octave César, Antoine et Lépidus. Leurs proscriptions. Guerre contre Brutus et Cassius: 42. Bat. de Philippes. 40. Lucius assiégé dans Pérouse. Octave contre Sextus, Pompée et Antoine. *Traité de Brindes.* 42. Diverses invasions des Parthes. Victoires de Ventidius. Antoine contre les Parthes.

R. 36. Octave vainq. d'Antoine à Naulope. 34. Mort de Sextus.

Par. 36. Arsace XV, craignant les armes des Romains, implore la paix et l'obtient, 32.

Cap. 34. Archélaüs. Il périt dans les prisons à Rome, 17 aps. J.-C.

Cappadoce prov. rom.

R. *Guerre entre Octave et Antoine.* 31. *Bat. d'Actium.* Mort d'Antoine et de Cléopâtre.

29. EMPIRE. OCTAVE EMPEREUR SOUS LE NOM D'AUGUSTE.

1er S. AP. J.-C.

Deuxième colonne.

R. 69. *Vespasien.* Succès des armes rom. en Gaule, en Grande-Bretagne. 70. Prise de Jérusalem par Titus.

79. *Titus*, empereur. Sa vertu. 80. Engloutissement d'Herculanum, de Pompéi, etc. 81. *Domitien.* 82. Mort d'Agricola. 96. *Nerva*, vieillard vénérable. 98. *Trajan*, le plus accompli des princes. Ses victoires en Arménie, en Assyrie, en Mésopotamie, etc.

Troisième colonne.

Philon, ph. 62. Perse, po. m. 28. Vi. I.er s. Oppien, po., Babrius, po. Vi. Sénèque et Pomponius Secundus, trag. 66. Pétrone. V. 69. Silius Italicus. Vi. Florus, hist. V. 78. Pomponius Méla. 79. Pline l'ancien, nat. m. 56. 95. Flavius Josèphe, hist. V. 96. Dion Chrysostôme, ora. V. 96. Juvénal, sat. 97. Stace, po.

2e S. AP. J.-C.

Troisième colonne.

V. 145. Aulugelle, gram. Vi. 146. Maxime, de Tyr, ora. V. 149. Appien, hist. *Sextus Empiricus renouvelle le Scepticisme.* 156. Justin, hist. abrévi. de Trogue-Pompée. Vi. St. Justin, père grec. 2e s. *Ammonius Saccas conçut le néo-platonisme.*

Vi. 170. Hérode Atticus, impro.

200. *Lucien.* Ses dialogues des morts.

3e S. AP. J.-C.

Deuxième colonne.

R. 251. *Gallus.* Hostilius, son collègue. Traité honteux avec les Goths. 253. *Emilien*, vainq. des Goths.

253. *Valérien.* Il s'associe son fils Gallien. L'emp. attaqué de tout côté. 260. *Gallien.* Les trente tyrans. Odenath, époux de Zénobie, vainq. des Perses, 261.

268.-284. Aristocratie militaire. Effort des empereurs pour repousser les barbares.

268. *Claude II.* Ses victoires sur Auréolus, sur les Allemands et sur les Goths. 270. *Aurélien.* Il termine la g. contre les Goths par une bat. et un traité. Sa défaite et ses victoires sur les Allemands. Il fait Zénobie prisonnière et fait périr Longin. Tétricus.

P. 273. *Varananès I.er ou Bahram.*

Interrègne.

R. 276. *Tacite.* Il périt dans une campagne contre les Alains. Florianus, son frère, se donne la m.

R. 276. *Probus*, excellent prince. Ses exploits sur les barbares. 282. *Carus.* 283. Ses deux fils *Carin et Numérien.* 284. *Dioclétien.* Il tue Arius Aper accusé d'avoir tué Numérien.

284.-337. Division de l'empire. — Etablissement de la hiérarchie nouvelle.

284. *Dioclétien* associe *Maximien* à l'emp. et l'envoie en Gaule pour repousser les Bagaudes, les Francs, etc., et va lui-même contre les Perses. Constance Chlore et Galérius créés Césars. Succès du I.er en Grande-Bretagne et du second contre les Perses.

Troisième colonne.

245. *Tertulien*, p. l. m. 85. Minucius Félix, p. l. son contemp. Vi. Commodianus, po. Antonius, po.

Vi. les biographes: Trébellius Pollion, Flavius Vopiscus, Lampride, Julius Capitolinus, etc. 254. Origène, p. g. 258. St. Cyprien, p. l. 278. Longin, ora.

Vi. 300. Lactance, p. l. disc. d'Arnaube.

4e S. AP. J.-C.

Deuxième colonne.

R. 335. *Constantin partage l'emp. entre ses trois fils*: Constantin II, Constance et Constant. sa m. en 337.

361. *Julien, l'apostat.* Il permet, mais en vain, de reconstruire le temple de Jérusalem. Ses g. contre Sapor II. 363. Jovien.

Famille Valentinienne. Partage définitif de l'empire.

364. *Valentinien I.er* et Valens. 375. *Gratien* et Valentinien II, son frère. 376. Les Huns en Europe. Les Visigoths dans l'emp.

2e Famille Flavienne.

378. THEODOSE I.er, LE GRAND, ASSOCIÉ A L'EMPIRE. Ses exploits sur les barbares.

R. 383. Gratien est tué par *Maxime*, qui, pris par *Théodose*, est massacré par les soldats, 388. 383. *Valentinien II*, vainq. de Marcomir, chef des Francs, est ass. par Arbogast, 390. 394. *Théodose*, vainq. d'Arbogast et d'Eugène, son ami, meurt en 395.

395. PARTAGE DE L'EMPIRE ENTRE SES DEUX FILS, ARCADIUS ET HONORIUS.

Le I.er règne en Orient sous la tutelle de Rufin, et le deuxième en Occident sous celle de Stilicon.

Troisième colonne.

379. St. Basile, p. g.

V. 375. Eutrope, hist. 386. St. Cyrille, p. g. 388. Selles à chevaux. 389. *St. Grégoire de Nazianze*, p. g. Vi. Symmaque, ora. Vi. Aurélius Victor, hist. 393. Libanius, ora. 394. Ausonne, de Bordeaux, po. Vi. Flavius Avianus, po. Claudien, po. 397. *St. Ambroise*, p. l. 398. Aréomètre pour peser les fluides.

4me TABLEAU.

1re Race des Rois de France avec les événements synchroniques de l'Histoire du Moyen-âge, durant cette période.

5me Siècle.

Invasion des Barbares. — Dissolution de l'empire d'Occident.

Los Francs luttent contre les Romains et contre les Barbares pour s'emparer de la Gaule.

406. Invasion des Suèves en Italie; chef, Radagaise. Stilicon lui fait trancher la tête.
407. Invasion des Vandales, des Alains, des Suèves, des Bourguignons dans la Gaule. 409. Les trois premiers passent en Espagne.
410. Prise de Rome par Alaric qui fait élire Attale; mort d'Alaric à Cosenza.
412. Les Visigoths dans la Gaule, chef Ataulfe qui épouse Placidie. Saxons dans le Nord.
413. Roy. des Bourguignons, roi Gondicaire.
415. Mort d'Ataulfe. Wallia lui succ. et sert les Romains contre les Vandales, les Suèves et les Alains. Placidie, veuve d'Ataulfe, remariée au comte Constance. Leur fils Valentinien III.
419. Roy. des Suèves en Galice, roi Hermanric.
419. Roy. des Visigoths, roi Wallia à Toulouse.
420. 1. Pharamond (existence douteuse) chef des Francs saliens.

Empire d'Occid. — 408. HONORIUS. Il ordonne la mort de Stilicon. 424. m. d'Honorius. 425. Valentinien III lui succ. Placidie, sa mère, régente. Boniface, comte d'Afrique, rival d'Aëtius.

Empire d'Orient. — 408. m. d'ARCADIUS. Théodose II son fils, lui succ. Pulchérie, sœur de ce dernier.

Personnages célèbres. — 404. Symmaque de Rome. 403. S. Épiphane de Salamine. 405. Prudence de Saragosse, poë. 407. S. Chrysostome, doc. 408. Ruffin d'Aquilée. 415. Hypatie d'Alexandrie. 420. S. Jérome de Stridonie, doc. — Macrobe, gra. v. 420 Sulpice Sévère hist. v. 425 Théodore Priscien, méd.

Colonnes de l'histoire de France. — 2. CLODION le Chevelu, fils présumé du précédent roi 428; régna 20 ans. Batailles avec Aëtius général romain. Succès variés. — Clodion porte ses conquêtes jusqu'à la Somme.

Chronologie générale. — Af. 429. Vandales en Afrique. — C. 431. Concile général d'Éphèse. Af. 439. Roy. de Carthage fondé par Genséric.

Emp. d'Oc. — Valentinien III. Son épouse Eudoxie.

Emp. d'Or. — Invasion d'Attila sous Théodose II.

V. 430 Philostorge hist. — 430. S. Augustin de Tagaste, doc. — Synésius, doc. — 435. S. Cassien, doc. — 431. S. Paulin, po. — v. 435 Orose de Tarragone, hist. — S. Nil, doc. V. 440 Sédulius, po.

3. MÉROVÉE (Vyéroven) f. d. pr. r. 448, [illegible] — [illegible]

CHRONOLOGIE GÉNÉRALE. — An. [illegible] Anglos et Saxons en Bretagne. Commencem. de l'Heptarchie. [illegible] Attila [illegible] 453. [illegible]

EMPIRE D'OCCIDENT. — 455. Pétrone Maxime. Prise de Rome par Genséric, roi des Vandales [illegible] Eudoxie [illegible] Avitus détrôné par Ricimer qui fait élire et assassiner Majorien.

EMP. D'ORIENT. — Théodose II [illegible] Attila. 450. Marcien, Pulchérie, sa femme [illegible] 457. Léon Ier.

450. Sydonius, phil. [illegible] S. Pierre Chrysologue, doc. [illegible] Eunapius, hist. [illegible] Marcien, géo. [illegible]

4. CHILDÉRIC Ier (Débauché) f. d. pr. r. 458, rég. 23. Chassé du trône, il recouvre sa couronne. Il dessert [illegible] Ægidius et fait la guerre aux [illegible] Visigoths.

CHRO. GÉN. — [illegible] Bulgares entre le [illegible] et le Danube.

EMPIRE D'OCCIDENT. — [illegible] 476. [illegible] Romulus Augustule [illegible] Odoacre [illegible]

EMP. D'ORIENT. — 474. Léon II le jeune [illegible] Zénon.

V. 460. Zosime de Salamine hist. — 461. S. Léon, doc. — 461. Prosper d'Aquit., poë. et hist. — 477. Gennade.

5. CLOVIS Ier le Grand, f. d. pr. r. 481, rég. 30. [illegible] GUERRE CONTRE LES BOURGUIGNONS. [illegible]

CHRONOLOGIE GÉNÉRALE — L'empire d'Occid. étant tombé, les faits historiques [illegible] chronologie générale. [illegible] Les Ostrogoths [illegible] chef THÉODORIC. [illegible]

[illegible] Paulin de Périgueux, [illegible] Sidonius Appollinaire, po. [illegible] Fondation de l'église S. Germain-des-prés. [illegible] S. Patrice d'Écosse, [illegible]

6me Siècle.

Meurtres, assassinats dans les familles royales. Les Barbares s'agitent en tout sens pour s'établir.

1re Division du roy. entre les 4 fils de Clovis. Ils régnent :

6. 1. CHILDEBERT [illegible] à Paris [illegible] — 2. CLOTAIRE à Soissons. 3. CLODOMIR à Orléans. 4. THIERRY à Metz. [illegible] Voy. Supplém.

[illegible] Mort de Théodoric [illegible] RÈGNE DE JUSTINIEN. [illegible] Bélisaire [illegible] Afrique et en Italie. Voy. Supplém.

[illegible] Boëce [illegible] mort par Théodoric. [illegible] Denis le petit [illegible] Voy. Supplém.

7. CLOTAIRE Ier (Sévère), f. d. pr. r. 558, rég. 3. Il réunit tous les états sous son autorité. Ses cruautés envers son fils Chramne et sa famille.

0. 550. Invasion des Bulgares; ils sont battus par Bélisaire.

Procope de Césarée, hist. secrétaire de Bélisaire. 560. Priscien, po.

2e Division du royaume entre les quatre fils de Clotaire; ils régnent :

8. 1. CARIBERT (bon roi) à Paris, en 561, rég. 6. — 2. CHILPÉRIC à Soissons. — 3. SIGEBERT à Metz. Childebert II, son fils, r. de Bourgogne [illegible] — 4. GONTRAN à Orléans. Thierry II, roi en Bourgogne en 596.

565. Mort de Justinien.

9. CHILPÉRIC le Néron. Fr. d. pr. r. 567, rég. 17. Meurtre de Galsuinde. Frédégonde. Ses cruautés contre Brunehaut.

[illegible] 568. Les Barbares [illegible] Albouin qui fut assass. [illegible]

[illegible] hist. 580 [illegible] S. Martin de Braga, doc.

10. CLOTAIRE II (enfant), f. d. pr. r. 584, rég. 45. [illegible] Brunehaut. — 613. Clotaire réunit tous les états sous son autorité.

It. 585. Autharis [illegible] Agilulfe [illegible] — Es. 585. Roy. des Suèves conquis par les Visigoths. 588. [illegible] — 0. 610. Emp. Héraclius. [illegible] roi de Perse. Voy. Supplém.

V. 591. Jean de Biclar, hist. 593. Agathias hist. 595 Grégoire de Tours dit le père de l'histoire de France. 604. S. Grégoire le g. [illegible] 604 S. Augustin d'Angleterre. 609. Fortunat de Trévise po.

7me Siècle.

Maires du palais. — Gloire et lustre des Sarrasins.

3e division du roy. entre les deux fils de Clotaire II; ils régnent :

11. DAGOBERT Ier (remarquable) f. d. pr. r. 628. rég. 10, en Neustrie et en Austrasie. Il réprima la tyrannie des seigneurs. S. Éloi son ministre. Arnulfe, Pépin de Landen, Éga, maires. 637. Origine du duché de Toulouse et d'Aquitaine. Ce dernier réuni à la couronne de France, en 1[illegible].

CARIBERT en Aquitaine. Tige des ducs d'Aq.

Ar. 632. M. de Mahomet. Aboubekre son beau-père lui succ. et publie le Coran.

636. S. Isidore de Séville. Fondation de l'abbaye de S. Denis.

4e Division du roy. entre les 2 fils de Dagobert; ils régnent :

12. CLOVIS II (chaînable) f. d. pr. r. 638, rég. 18 en Neustrie et en Bourgogne. Archambaud, maire. Clovis II réunit les trois roy.

SIGEBERT II en Ostrasie. Grimoald, maire. Dagobert II dernier r. d'Ostrasie.

Ar. Prise de Rhodes par les Sarrasins. 638. Conquête de la Syrie sur Héraclius, emp. d'Orient. 640. Conquête de l'Égypte par Amrou qui brûle la biblio. d'Alexandrie. 644. Othman, khalife. 652. Fin du deuxième empire des Perses. 655. Ali, khalife.

V. 660, Paul d'Égine méd.

13. CLOTAIRE III (sobre) f. d. pr. r. 656. rég. 15. régence de Batilde. L'ambitieux et violent Ébroïn l'a dépouillé de son pouvoir.

5me Division du royaume : L'Ostrasie se sépare de la Neustrie et prend pour r. Childéric II. Thierry III, son frère, est renfermé dans un cloître.

Ar. 660. AVÉNEMENT des OMMIADES. Moawiah khalife, mort en 680.

658. Frédégaire, hist.

14. CHILDÉRIC II (despote) fr. d. pr. r. 670. rég. 3. Réunion de la Neustrie, de l'Ostrasie et de la Bourgogne. S. Léger, maire, relégué dans le même prison qu'Ébroïn. Chilpéric II, fils du roi, régnera en 716, et Childéric III, son fils, en 742. Dernier roi.

15. THIERRY Ier (faible) fr. d. pr. r. 673. rég. 18. S. Léger victime d'Ébroïn qui, attaqué par les ducs d'Ostrasie, les bat à Leucofao. Ébroïn est assass. par Ermanfroy. Bertaire, maire. Lutte entre la Neustrie et l'Ostrasie, bataille de Testry, gagnée par Pépin.

L'Ostrasie abolit la royauté et élit deux ducs. Martin et Pépin d'Héristal. — [illegible] fonde le roy. de Bulgarie qui est réduit en province de l'emp. d'Orient en 1019.

16. CLOVIS III (jeune) f. d. pr. r. 691. rég. 4. Pépin d'Héristal, maire.

Ar. 692. Conquête de l'Afrique par les Arabes; terminée en 708; chef Hassan.

17. CHILDEBERT II (le Juste) fr. d. pr. r. 695, rég. 16. Avilissement de la race Mérovingienne. Pépin relègue le roi en Neustrie en lui donnant pour maire son fils Grimoald qui régit lui-même l'Ostrasie sous le titre de duc.

698. Anafesto 1er doge de Venise. Ar. 707-717. Conquêtes des Arabes en Orient. Walid, khalife.

8me Siècle.

Toute-puissance des maires du palais. — Progrès des Sarrasins.

18. DAGOBERT II (incapable de gouverner). F. d. pr. r. 711; rég. 5. Pépin d'Héristal laisse la mairie à son petit-fils, Théodebald et à sa veuve Plectrude qui fait renfermer le fils de sa rivale (Charles).

Es. Les Maures en Espagne. Bataille de Xérès gag. par Tarik, lieutenant de l'émir Musa. [illegible]

19. CHILPÉRIC II [illegible]. F. d. Childéric II, r. 716, rég. 5. Il est vaincu avec son maire Rainfroy par Charles qui fait élire Clotaire IV, fils de Thierry Ier, en 717-719. Charles rétablit Chilpéric.

Es. Pélage fonde le royaume des Asturies.

20. THIERRY II (enfant). F. d. Dagobert II, r. 720, rég. 17. Invasion des Sarrasins. 732, bataille de Poitiers, gagnée par Charles Martel; mort d'Abdérame. [illegible] Pépin-le-bref, maire.

O. 720. Emploi de l'ère Dyonisienne. 726. Guerre des images (Iconoclastes).

Institution des fiefs par Charles-Martel.

21. CHILDÉRIC III (Fainéant). F. d. Chilpéric II, r. 742; rég. 10. Sa déposition d'après la décision du pape Zacharie.

Ar. Guerre des Blancs et des Noirs; chef Aboul-Abbas et Mervan qui y périt. Ainsi, les khalifes Ommiades furent dépouillés par les Abassides du trône de Damas. De là deux khalifats : celui d'Orient en 750, et celui d'Occident en 756.

5ᵐᵉ TABLEAU.

2ᵐᵉ Race des Rois de France avec les événements synchroniques de l'Histoire du Moyen-âge, durant cette période.

27. *LOUIS III* et *CARLOMAN* (infâmes), f. d. pr. r. 879, rég. 5.
Ils abandonnent la Lorraine au roi de Saxe.
880. Traité d'Amiens. Invasion des Normands. Bataille de Saucourt.
882. Mort de Louis. Carloman seul roi.

879. *Fondation du royaume de Bourgogne Cisjurane par Boson, et du royaume de Bourgogne Transjurane par Rodolphe en 888.*

9ᵐᵉ Siècle.

26. *LOUIS II*, le Bègue, f. d. pr. r. 877, rég. 2.
Attaqué par ses vassaux, il leur fait des concessions.

25. *CHARLES II*, le Chauve, f. d. pr. r. 840, rég. 37.
841. Bataille de Fontenay entre les trois frères Charles-le-Chauve, Louis-le-Germanique, d'un côté, et Lothaire de l'autre.
843. Traité de *Verdun* — origine de la féodalité, on les fiefs rendus héréditaires.
[illegible] Comté de Toulouse, Raymond Ier.
853. *Invasion des Normands.*
[illegible]

pol. 842. *Pologne*, fondateur Piast.
o. 842. Michel III, l'Ivrogne; il protège Photius contre Ignace patriarche qui m. en 877, et Photius est reconnu patri. par Jean VIII. 857. *Navarre*, fondateur, don Garcie Ximénès.
ar. 862. Fondation de Bagdad.
ru. 862. *Russie*, fondateur Rurik.
es. 866. Alphonse III le-Grand agrandit le royaume des Asturies.
o. 867. *Race macédonienne*, Basile Ier; Léon VI, le philosophe, lui succ.
bul. 869. Bogoris embrasse le christianisme.
an. 872. RÈGNE D'ALFRED-LE-GRAND.

Alcuin. v. Jean Scot.

Démembrement de l'emp. de Charlemagne; fondation du régime féodal; Invasion des Normands.

24. *LOUIS Ier*, le Débonnaire, f. d. pr. r. 814, rég. 26.
Premier partage entre ses trois fils Lothaire, Pépin et Louis.
829. Révolte et supplice de Bernard, roi des Lombards.
2me *Partage à la naissance de Charles.* Révolte des princes, détrônement de leur père. Son rétablissement. Nouvelle révolte, dégradation de l'empereur, son rétablissement.
831. 3me *partage à l'exclusion de Lothaire.*
838. 4me *partage à la mort de Pépin.*

o. 820. *Race phrygienne*, Michel-le-Bègue.
an. 827. FIN DE L'HEPTARCHIE. *Fondation du roy. d'Angleterre par Egbert-le-Grand qui se constitue roi de toute l'Angleterre.*
[illegible]

816. Théophane, his.

Suite du 8ᵐᵉ Siècle.

Suède, Danemarck, Norwège connus. L'origine de ces états se perd dans la nuit des temps.

23. *CHARLEMAGNE* (grand génie), f. d. pr. r. 768, rég. 46.
Il réprime la révolte du duc d'Aquitaine. Mort de Carloman, r. d'Austrasie et de Bourgogne. Charlemagne seul roi.
772. 1ʳᵉ GUERRE DE SAXE.
774. 1ʳᵉ GUERRE D'ITALIE.
Il va au secours d'Adrien Iᵉʳ, attaqué par Didier, roi des Lombards.
778. GUERRE D'ESPAGNE; bat. de *Roncevaux*, mort de Roland.
[illegible] GUERRE DE SAXE.
Destruction des saxons; soumission de *Witikind*.
786. LIGUE CONTRE CHARLEMAGNE, formée de Lombards, de Bavarois, d'Avares, etc.
[illegible] GUERRE D'ITALIE.
Il vole au secours de Léon III attaqué par ses sujets.
800. IL EST COURONNÉ EMPEREUR D'OCCIDENT.

o. 780. L'impératrice *Irène*.
i. Elle convoque le concile de *Nicée*.
ar. 786. Règne du khalife HAROUN-AL-RASCHID. D. AL-MAMOUN, son fils; ils protègent les sciences et les arts.
es. 794. Alphonse II succ. à Alphonse Ier.
an. 793. 1ʳᵉ *période de l'invasion danoise*.
i. 794. Concile de *Francfort*. 807. première invasion des Normands. 809. *Fondation de la républiq. de Venise*.
da. Danois, 1er roi, *Olaus III*.
bul. Crum tue l'empereur Nicéphore.
i. Concile d'*Aix-la-Chapelle*.

800. Succès chez les Arabes. Personnages qui composaient l'acadé. de Charlemagne qu'il présidait lui-même: 804. *Alcuin*, inspecteur des écoles de Charlemagne. Clément d'Irlande, Pierre, Paul Warnefrid, Théodulphe, [illegible], Paulin d'Aquilée, [illegible], Angilbert, Eginhard.

22. *PÉPIN-LE-BREF*, f. de Charles-Martel roi 752, rég. 16.
Sacre de Pépin. Il va au secours d'Étienne II contre *Astolphe*, roi des Lombards.
759. Réunion de la Septimanie.
Victoire sur le duc d'Aquitaine révolté. Trait de courage de Pépin.

ar. Les Juifs d'Afrique reconnaissent d'abord les Abbassides, mais bientôt ils ne se soumettent qu'à une suprématie spirituelle.
ar. 756. *Khalifat d'Occident à Cordoue fondé par Abderame Ier*, démembré en plusieurs roy. dans le commencement du 11me siècle, après bien des luttes contre les Abbassides et les chrétiens.

Suite du 9ᵐᵉ S.ᵉ

28. *CHARLES-LE-GROS*, f. d. Louis-le-Germanique, roi 884, rég. 4.
Siége de Paris par les Normands. Défense de *Eudes*, comte de Paris. Charles achète la paix; sa déposition.

29. *EUDES* (valeureux), f. de Robert-le-fort, duc de France, r. 888, rég. 10.
Défaite des Normands.

al. 888. Arnould, bâtard de Carloman, fr. de Charles-le-gros, élu emp. d'Allemagne.
888. Rodolphe Welf, comte de Bourgogne transjurane, se fait élire roi.
bul. Siméon, chef Bulgare, ass. deux fois Constantinople.
it. Gui, duc de Spolette, et Béranger, duc de Frioul, se disputent l'Italie en proie à l'anarchie.

30. *CHARLES III*, le Simple, f. de Louis II, le Bègue, r. 898, rég. 23.
Invasion des Normands sous Rollon à qui il cède la Normandie; rivalité de Charles et de Robert, frère de Eudes. Mort de Robert à Soissons. Charles prisonnier à Péronne.

900. Mort d'Alfred-le-Grand.
n. v. 900. *Harald Iᵉʳ, premier roi de Norwège.*
ég. 909. *Dynastie des Fatimites*, en Égypte. Le khalifat du Caire aboli par Saladin, en 1171.
al. 911. EMPIRE D'ALLEMAGNE, 1er roi, *Conrad*, de la *Maison de Franconie*; il succ. à Louis IV, l'enfant, dernier empereur de la Maison de Charlemagne, et fils d'Arnould.
al. 919. *Maison de Saxe*; Henri l'Oiseleur.

10ᵐᵉ Siècle.

Siècle d'ignorance et de superstition.

31. *RAOUL* (usurpateur), duc de Bourgogne, r. 923, rég. 13.
Élu roi par le crédit de *Hugues-le-Grand*, duc de France, son beau-frère.

an. 925. Adelstan.
930. *Les deux Bourgognes sont réunies et forment le royaume d'Arles*; *Rodolphe II*, roi.

32. *LOUIS IV*, d'outre mer, f. de Charles-le-simple, r. 936, rég. 18.
Rappelé par *Hugues-le-Grand*, il lui donne la Bourgogne.
Il cherche, mais en vain, à reconquérir la Lorraine et la Normandie.

al. 936. RÈGNE D'OTHON-LE-GRAND.
Il va soumettre Boleslas Ier en Bohême.
es. 938. Abdérame III vaincu par Ramire II, roi de Léon.
an. 941. Edmond Ier. Edred lui succède en 946.

V. 950. Eutychius, Suidas, hist. Invention de l'imprimerie supposée chez les Chinois. 950. Alpharabi, premier ph. arabe.

33. *LOTHAIRE* (populaire), f. d. pr. r. 954, rég. 32.
Son frère Charles n'a aucune part du royaume. C'est le premier exemple.
959. La Lorraine duché particulier. Frédéric, beau-frère de Hugues Capet, premier duc.
Lothaire cherche à s'emparer des deux Lorraines, et qui amène Othon II, empereur, sous les murs de Paris. 980. Traité de Reims.

an. 955. Edwy, époux d'Elgiv. 957. Edgard lui succ. Il fait détruire les loups. 959. Enlèvement des fiancées vénitiennes sous le dogat de Pierre Candiano.
al. 962. Conquête de l'Italie par Othon-le-Grand qui dépose Jean XII et élève Léon VIII, dont les concessions donnent lieu à *la querelle des empereurs et des papes*.
o. 963. Nicéphore Phocas; *Zimiscès*, le sauveur de l'emp., lui succ. en 969.
bul. 966. Sous Pierre et Samuel, *trente ans de guerre contre les Turcs*.
al. 973. Othon II.
an. 975. Edouard II.
an. 2me *Période de l'invasion danoise* sous Ethelred II. Suénon, danois, procl. roi d'Angleterre.
al. 983. Othon III.

34. *LOUIS V*, le Fainéant, f. d. pr. r. 986, rég. 1 an.

6me TABLEAU.

3me Race des Rois de France avec les événements synchroniques de l'histoire du moyen-âge durant cette période.

10e SIÈCLE.

Branche Capétienne.

35. *HUGUES CAPET*, fils de Hugues-le-Grand, r. en 987, règ. 9 ans. Il fait sacrer son fils Robert. Guerre contre le duc de Lorraine, prétendant de la couronne. Il est fait prisonnier et meurt en captivité.

Ru. 988. Wladimir Ier, grand duc de Russie, se fait chrétien après avoir épousé la sœur de Basile II, emp. d'Orient.

992. Herbert, [illegible].

36. *ROBERT* le Pieux, f. d. pr. r. 996, règ. 35. Excommunié par Grégoire V, il répudie Berthe pour épouser Constance. Persécutions religieuses. Guerre de Bourgogne. Ce duché est réuni à la couronne, 1015. 1027. Querelle entre Eudes, comte de Blois, et Richard II, duc de Normandie. Robert rétablit la paix. Famine en France.

As. Les Turcs renversent les khalifes d'Orient et leur succ. sous plusieurs dynasties : *Gasnévides*, *Seljoucides* et *Osmanes*.
As. 997. *Dynastie des Gasnévides dans l'Inde.* Fondateur, Mahmoud-Gazni.
Es. 998. Mort de Mohammed-al-Mansor; décadence du khalifat d'Occident.
Savoie. Comtes de Maurienne en 999, de Savoie en 1108, ducs de Savoie en 1391 [illegible].
Al. 1000. Othon III fait élire Boleslas roi de Pologne.
Su. 1001. *Origine bien connue du royaume de Suède.* Olaüs III, roi.
Al. 1002. Henri II, le Saint, succ. à Othon. Il fait élire *Étienne* 1er roi de Hongrie.
Es. 1009. *Le khalifat des Ommiades en proie aux révoltes et aux usurpations sous Mohammed-al-Mahadi. Hescham III déposé en 1031. Le khalifat s'était démembré en plusieurs roy.*: de Murcie, de Badajoz en 1010 ; de Grenade en 1013 ; de Saragosse en 1014 ; de Majorque en 1015 ; de Valence en 1021 ; de Séville en 1023 ; de Tolède en 1026 ; de Cordoue en 1031. V. Suppl.

1003. Gerbert, Sylv. 1024. Gui Arezzo, inventeur des notes de musique. 1028. Dithmar, hist. V. 1028. Fulbert, chanoine, celui qui attira chez lui Abeilard pour donner des leçons à sa nièce Héloïse.

La Féodalité établie partout. — La Chevalerie s'élève et fleurit : elle ranime la justice et les vertus expirantes.

11e SIÈCLE.

37. *HENRI Ier* (loyal), f. d. pr. r. 1031, règ. 29 ans. Sa mère Constance excite une guerre civile contre lui en faveur de son autre fils, Robert. 1037. Guerre contre plusieurs vassaux. *Trêve de Dieu.* 1051. Henri épouse Anne de Russie, fille de Jaroslaw, premier législateur russe.

Al. 1033. Rodolphe III lègue le roy. d'Arles à l'emp. Conrad II qui avait hérité en 1032 du roy. de Bourgogne.
An. 1035. Harold Ier. Hardicanut lui succ. en 1039.
Es. 1035. *Partage des états de Sanche-le-Grand entre ses trois fils*: García IV règne en Navarre ; Ramire en Aragon, Ferdinand Ier en Castille, qui, en 1037, y ajoute le roy. de Léon, lequel s'en sépare après sa mort. — *Le Cid.*
It. 1037. *Illustration des fils de Tancrède*, Guillaume, Drogon et Humfroi ; les deux autres frères, Robert Guiscard et Roger vont s'associer à eux l'an 1046.
As. 1038. *Les Gasnévides renversés par les Seljoucides*, chef, Togrul-Beig. Cette dynastie lutte contre les croisés.
Al. 1039. Henri III.
An. 1042. Édouard le-Confesseur.
It. 1043. Comtes et ducs de Pouille : Guillaume Ier ; Drogon, Humfroi, Robert Guiscard, duc, Roger, id. Guillaume II, id. en 1111.
Si. 1050. Comtes de Sicile. Roger Ier.
V. Suppl.

1037. V. Avicenne, méd. arabe. 1048. Glaber Rudolphe, hist. V. 1050. Roscelin, philosophe. 1054. Hermann, hist.

38. *PHILIPPE Ier* (excommunié), f. d. pr. r. 1060, règ. 48. Régence de Baudouin V. 1065. Origine du comté de Provence. 1071. *Guerre de Flandre.* 1076. *Affaires de Normandie.* Philippe répudie Berthe pour épouser Bertrade. Il est excommunié en 1094. 1095. Concile de Clermont. 1096-1099. PREMIÈRE CROISADE prêchée par Pierre l'Ermite, [illegible] par Urbain II, pape. Chefs : *Godefroy de Bouillon*, duc de la basse Lorraine, et ses deux frères, Baudouin et Eustache ; Robert II, duc de Normandie ; Robert II, comte de Flandre ; Raymond IV de Toulouse. V. Suppl.

Si. 1061-1101. *Conquête de la Sicile par Robert et Roger, fils de Tancrède.*
O. 1063. L'empire grec attaqué par les Turcs Seljoucides.
An. 1066. *Conquête de l'Angleterre.* Après la mort d'Édouard-le-Confesseur, Harold II, fils de Godwin, et Guillaume-le-Bâtard se disputent la couronne d'Angleterre. Ce dernier gagne la bataille de Hastings où Harold est tué.
Asie. 1072. Règne de Malek-Schah ; ses conquêtes en Asie. A sa mort, en 1092, ses états se démembrent en plusieurs sultanies tributaires du royaume de Perse.
T. 1073. *Pontificat de Grégoire VII.* Guerre des *Investitures* entre le pape et Henri IV qui le fait déposer.
It. Testament de la comtesse Mathilde.
Es. 1073. Alphonse VI *réunit le royaume de Léon et de Castille.* — Le Cid.
Si. 1075. Robert ; ses conquêtes en Italie.
Es. 1076. Sanche Ier *joint la Navarre à l'Aragon.*
O. 1081. Règne d'Alexis Comnène.
T. 1085. *Mort de Grégoire VII.* Urbain II favorise la rébellion de Conrad et de Henri V, son frère, contre leur père, Henri IV. Triste fin de ce dernier en 1106.
O. 1085. *Maison des Anges.* Isaac II, l'Ange.
V. Suppl.

V. Guillaume IX de Poitiers, troub. 1089. Lanfranc, doct. 1093. Adam de Brême, hist. allem. 1090. Roscelin, docteur français. Théophylacte, hist. 1101 St.-Bruno, doct.

Croisades : elles appauvrissent et dépeuplent l'Europe, mais elles brisent les fers du despotisme féodal, et la royauté se fortifie ; les idées se développent, et le commerce répand des relations lointaines. — Commencement des guerres d'Angleterre.

12e SIÈCLE.

39. *LOUIS VI* le Gros, f. d. pr. r. 1108, règ. 29 ans. 1113. *Première guerre entre la France et l'Angleterre.* Louis, vainqueur à [illegible], [illegible] à Brenneville en 1119. Il lutte contre les grands vassaux. *Affranchissement des communes.*

Es. 1108. Les chrétiens battus à Uclès par les Almoravides, [illegible].
Es. 1109. *Les couronnes de Navarre, d'Aragon, de Castille et de Léon réunies* par le mariage d'Alphonse VII, le Batailleur, avec Urraque, héritière d'Alphonse VI.
Al. 1122. Concordat de *Worms* qui met fin à la guerre des investitures, signé par Henri V.
Al. 1125. Lothaire II.
Al. 1126. *Maison de Bourgogne.* Alphonse VIII, fils de l'infante Urraque et de Raymond, [illegible] de Castille et de Léon.
1130. *Roy. des deux Siciles*, 1er r. Roger II.
An. 1135. Étienne de Blois s'empare de la couronne d'Angleterre au préjudice de Mathilde, fille de Henri Ier, et donne deux chartes.

1109. Anselme, doc. 1113. Yves de Chartres, doct. 1115. Nestor, russe, de Kief, hist. 1118. Zonare, grec, hist. 1121. [illegible], hist. 1134. Anne Comnène, id. Usage des tournois en France.

40. *LOUIS VII*, le Jeune, f. d. pr. r. 1137, règ. 43. Guerre contre Thibaud. Vitry incendié. 1147. DEUXIÈME CROISADE, prêchée par St Bernard [illegible]. Chefs : Louis, Conrad III et Baudouin III. Désastres des princes [illegible]. *Guerres de Normandie* [illegible]. 1152. Divorce du roi avec Éléonore. Son 2e mariage avec Constance de Castille. 1173. *Deuxième guerre avec l'Angleterre.* Louis favorise la rébellion d'Henri Court-Mantel et de sa mère contre Henri II.

Es. 1137. Ramire, le moine, en Aragon. [illegible] *Fin de la Dynastie d'Aragon. Maison de Barcelone en Aragon.* Raymond Bérenger épouse Pétronille, fille de Ramire, le moine. *La Catalogne est unie à l'Aragon.*
La Navarre se sépare de l'Aragon, et porte sur le trône don Garcias Ramirez.
Al. Lothaire II et Conrad III se disputent l'empire. 1138. *Famille de Souabe.* Conrad III, empereur. Henri, le Superbe, est dépouillé de ses duchés. QUERELLE DES GUELFES ET DES GIBELINS [illegible].
Po. 1139. Mort de Boleslas III, le Victorieux. Il avait gagné 46 batailles. La Pologne est divisée en quatre principautés.
Por. 1139. *Fondation du roy. de Portugal* par Alphonse Henriquez.
Es. 1146. Invasion des Almohades, chef Abd-el-Moumen. Il s'empare de Maroc, passe en Espagne et bâtit la ville de Gibraltar.
V. Suppl.

1140. Werner, juris. 1142. Abeilard, phil. sc. 1153. Héloïse. 1149. Vacarius, juris. 1150. École de Montpellier. — [illegible]. 1150. Gratien, juris. 1151. Pierre Lombard, doc. *Troubadours du 12e siècle.* Bernard de Ventadour, Bertrand de Born, Arnaud de Marveil, Rambaud de Vaqueiras, Peire Vidal. *Trouvères* : Robert Wace, Chrétien de Troyes, Raoul de Coucy. 1170. Papier de toile.

41. *PHILIPPE II*, Auguste, f. d. pr. r. 1180, règ. 43. Il réduit [illegible]. 1190. *Troisième guerre* avec l'Angleterre, Henri II. V. suppl.

T. 1183. *Paix de Constance* qui met fin à la querelle entre les papes et les empereurs.
Es. 1185. Bat. de Santarem [illegible].
Bu. 1186. La Bulgarie secoue le joug des emp. d'Orient et est conquise par les Ottomans en 1396. V. Suppl.

Trouvères. Villehardouin, [illegible]. 1192. David, [illegible]. 1195. [illegible]. V. Suppl.

Croisades continuées. — Abaissement des grands vassaux et élévation du souverain.

13e SIÈCLE.

42. *LOUIS VIII*, le Lion, f. d. pr. r. 1223, règ. 3. *Deuxième guerre contre les Albigeois. Mort de Louis en Auvergne.* 1226.

1225. Jacques de Vitry, hist. 1226. St.-François d'Assise, doc.

43. *LOUIS IX*, le Saint, f. d. pr. r. 1226, règ. 44. Régence de Blanche de Castille [illegible]. 1242. Bat. de Taillebourg [illegible].

[illegible]

Troubadours du 13e siècle. [illegible]

44. *PHILIPPE III*, le Hardi, f. d. pr. roi. 1270, règ. 15. 1274. Affaires de Navarre. 1276. Affaires de Castille. 1278. Supplice de Pierre de la Brosse. 1282. Affaires d'Aragon. Le comté de Toulouse réuni à la couronne.

An. 1272. Édouard Ier. Édouard II en 1307.
Al. 1273. *Maison de Hapsbourg.* Rodolphe Ier. Son fils Albert. 1291, Adolphe de Nassau lui est préféré, mais il périt de la main de son rival en 1298.
It. 1277. *Seigneurie de Milan.* Othon Visconti chasse les Torriani.
Es. Sanche IV, le Brave, sauve la Péninsule de l'invasion des Mérinides.
Por. 1279. Règne de Denys, le père de la patrie.
Su. 1279. Magnus prend le titre de roi des Suédois et des Goths ; règne heureux.
Asi. 1280. Les Mogols dans la Chine.
Si. 1282. *Vêpres siciliennes*, sous Charles Ier qui avait fait périr Conradin.

1274. St.-Bonaventure, phi. m. 53. 1274. St.-Thomas d'Aquin m. 48. 1282. *Albert-le-grand*, phi. Duns Scot, phi. 1284. Alphonse X, sav. 1298. Marc Paul, hist.

SUITE DU 13e SIÈCLE.

45. *PHILIPPE IV*, le Bel, f. d. pr. r. 1285, règ. 29 ans. Roi de Navarre par son mariage avec Jeanne Ire. Il continue la guerre contre l'Aragon. 1292. *Guerre avec l'Angleterre*, roi, Édouard Ier. Révolte des Flamands. Ils sont battus à Furnes. 1297-1302. Défaite des Fr. à *Courtrai*. 1302. États généraux. 1303. Paix entre la France et l'Angleterre. 1304. *Victoire de Mont-en-Puelle.* 1305. Paix avec les Flamands. *Démêlés de Philippe avec Boniface VIII.* 1309. Clément V à Avignon. 1312. Concile de Vienne. — Suppression de l'ordre des templiers, Jacques de Molay grand maître. 1314. *Leur destruction.*

It. 1285. Rois de Naples : Charles II, Robert, Jeanne Ire en 1343, etc. Alphonse Ier d'Aragon en 1435, etc. Le roy. des Deux Siciles passe à don Carlos, de la maison de Bourbon en 1735.
Es. 1285. Règne d'Alphonse III en Aragon.
Ec. 1286. La couronne d'Écosse disputée par Jean Baillol et Robert Bruce.
Asi. 1291. Les chrétiens chassés de la Palestine.
It. Venise, après la perte des deux batailles navales en 1293 et 1298, fait la paix avec Gênes.
Po. 1295. Premislas prend le titre de roi.
Si. 1295. Traité d'Anagni entre Charles II et Jacques Ier.
An. 1298. Bataille de Falkirk gag. par Édouard sur les Écossais.
Asi. 1299. *Dynastie des Ottomans*, fondateur Othman Ier. Son fils Orkhan continue ses conquêtes.
It. 1302. Les Torriani rétablis, chef, [illegible].
Hon. 1301. André III, dernier descendant d'Arpad.
An. 1305. Supplice de Wallace. 1307. Troubles au sujet de Gaveston, ministre d'Édouard II.
Al. 1308. Henri VII.
Su. 1308. *Confédération helvétique*, Guillaume Tell et la Suisse révoltés contre la tyrannie d'Albert.
Al. 1308. *Famille de Luxembourg.* Henri VII emp. Sa mort, [illegible] d'interrègne.
It. 1309. Mort de Charles II, le boiteux, Robert le Sage lui succ.
Hon. 1310. Charobert, roi. Ses conquêtes. Son fils, Louis-le-Grand, roi en 1342.
Es. 1312. Alphonse XI, roi de Castille. Troubles excités par les [illegible], les Haro, les Lara.

1292. Roger Bacon, phi. 1300. La boussole en usage. Arnulfe de Pise, peint. Cimabué, id. Papier de linge. 1301. Guillaume, hist. 1309. Guido, poë. Sadi, id.

Affaiblissement de la puissance féodale. — Inventions à jamais mémorables : Boussole, poudre à canon, armes à feu, etc. — Guerres d'Angleterre.

46. *LOUIS X*, le Hutin, f. d. pr. r. 1314, règ. 2. Roi de Navarre ainsi que ses deux succ. Procès et exécution d'Anguerrand de Marigny, surintendant des finances. Louis fait étrangler sa femme Marguerite de Bourgogne. Les serfs sont forcés d'acheter leur liberté.

Al. 1314. Louis V de Bavière et Frédéric-le-Bel, duc d'Autriche, empereurs concurrents.

Régence.

47. Naissance de *Jean*, posthume. Il ne vit que huit jours.

14e SIÈCLE.

48. *PHILIPPE V*, le Long, fr. d. Louis X, r. 1316, règ. 6. Il convoque les états généraux qui décrètent que les femmes seraient à jamais exclues du trône. Violences des pastoureaux réprimées. Arrêt de mort contre les lépreux et les Juifs accusés d'avoir empoisonné les puits et les fontaines.

V. 1318. *Joinville*, hist., m. 90 ans. 1321. *Le Dante*, po. m. 56.

49. *CHARLES IV*, le Bel, fr. d. Philippe, r. 1322, règ. 6. 1325. *Guerre avec l'Angleterre au sujet de la Guienne.* Isabelle, sœur de Charles, délaissée par son mari, Édouard II, passe en France, et négocie contre son mari qui périt en Angleterre d'une mort horrible en 1327, après le supplice des deux Spencer.

It. Guerre des guelfes et des gibelins en Toscane. Castruccio Castracani, chef des gibelins, envahit avec Galéas Visconti le territoire de Florence en 1325.
An. 1327. Édouard III.
Ru. 1328. *grands ducs de Moscou.* Iwan Ier.

1325. Pierre d'Ailly, sav. 1327. Cecco, po. [illegible], id.

7me TABLEAU.

Rois de France des deux branches des Valois et de la 1re d'Orléans avec les événements synchroniques durant cette période.

Suite du 14me Siècle.

Première branche des Valois, 7 rois.

Rivalité entre la France et l'Angleterre.

36. PHILIPPE VI de Valois, petit f. de Philippe-le-Hardi, r. 1328, rég. 22.

Prétentions d'Édouard III au trône de France. Philippe contre les Flamands. Victoire de Cassel. *Édouard III, roi d'Angl.*, soutient Baillol contre David Bruce en Écosse. [illegible] des Flamands, chef, Jacques Artevelle, le brasseur-roi. *Invasion d'Édouard III.* 1340. bat. de *l'Écluse*, perdue par les Français. Bat. de St. Omer, gagnée par [illegible]. 1341. *Affaires de Bretagne.* 1346. Bat. de Crécy [illegible]. *Siége de Calais.* [illegible] de St. Pierre. [illegible]

It. 1338. Montecchi et Scaliger [illegible] par des seigneurs [illegible]. Es. 1328. *Philippe II d'Évreux*, époux de Jeanne, fille de Louis X le Hutin et r. de Navarre. Charles-le-Mauvais, son fils. Pol. 1333. *Casimir III*, dernier des Piasts. Es. 1336. Pierre-le-Cruel, roi d'Aragon. [illegible] Da. 1340. Waldemar IV relève le roy. de Danemarck. O. 1341. Jean Paléologue; il est détrôné par Cantacuzène. It. 1343. Règne de Jeanne Ire à Naples. Al. 1347. Charles IV de Luxembourg. It. 1347. *Rienzi*, tribun de Rome, m. en 1354.

1328. Marsile [illegible]. 1329. Mussato, hist. 1330. André de Pise, sculpt. 1333. Durand, savant. 1336. Giotto, sculpt. Cino, juris. Clémence Isaure, fondatrice des jeux floraux à Toulouse. 1338. Armes à feu; fonderie de canons en France. 1340. Leoncetti [illegible]. [illegible] Francesca, [illegible]. [illegible] Bartolomeo [illegible] de Florence. Villani, hist.

[illegible]

52. CHARLES V, le Sage, f. d. pr. r. 1364, rég. 16. *Duguesclin* gagne la bat. de *Cocherel* sur Charles-le-Mauvais et délivre la France des *Malandrins* qu'il conduit au secours de Transtamare, en Castille. V. Supplém.

Es. 1369. *Henri II de Transtamare*, roi de Castille. Por. 1367. Ferdinand Ier, fils d'Inès et de Pierre. Pol. 1370. Louis-le-Grand. Sa fille Hedwige, épouse Jagellon en 1386. An. 1371. *Les Stuarts sur le trône d'Écosse.* V. Supplém.

1374. *Pétrarque*, po. m. 70. 1375. *Boccace*, po. m. 62. Bibliothèque royale fondée.

53. CHARLES VI, [illegible], f. d. pr. r. 1380, rég. [illegible]. *La régence est disputée par ses trois oncles*, les ducs d'Anjou, [illegible] et de Bourgogne. [illegible] *Maillotins*. V. Supplém.

An. 1381. Révolte du forgeron Wat-Tyler. [illegible] *les Lollards*. Por. 1385. *Maison d'Aviz*. Jean Ier. Pol. 1386. *Les Jagellons en Pologne.* O. 1389. Bajazet. Il succombe sous Tamerlan à la bat. d'Ancyre, en 1402. — V. Supplém.

1382. Jean de Ravenne, ph. Orsini, sav. 1384. Wiclef, hérés. 1389. Christine de Pisan, hist. V. Supplém.

Fin des guerres d'Angleterre. — Le pouvoir royal se fortifie. — Guerres d'Italie. — Découverte de l'Amérique.

15me Siècle.

54. CHARLES VII, le Victorieux, f. d. pr. r. 1422, rég. 39. [illegible]

An. 1422. *Henri VI.* Régence des ducs de *Bedford* et de Glocester. Es. 1425. Mort de Charles-le-Noble. *La Navarre* est [illegible] sous les comtes de Foix et les sires d'Albret. It. *Jean de Médicis*, dit le père des pauvres, à Florence. 1440. Son fils Côme, dit le père de la patrie, lui succède, et m. en 1464. Son petit-fils, Laurent de Médicis, dit le père des lettres, m. en 1492. T. 1431. Concile général de Bâle. Ec. 1437. Jacques II; il lutte contre la noblesse. Al. 1438. *Maison d'Autriche.* Albert succ. à Sigismond. 1440. Frédéric III, son parent, va recevoir des mains du pape, Nicolas V, la couronne impériale. Sa. 1442. Christophe de Bavière réunit les trois roy. du nord. Famine. Si. 1442. Alfonse V, maître des deux Siciles. O. 1451. Amurat victorieux à *Varna* après avoir été battu par Jean Huniade, défenseur des Hongrois. Scanderberg résiste à Amurat. V. Supplém.

1425. Ailly, [illegible]. 1429. Gerson, or. et ph. V. Pierre Michault, Olivier de la Marche, po. Monstrelet, Chastelain, chroniq. 1444. Brunelleschi, sculpt. 1450. L'imprimerie en lettres (Pierre Schoeffer, Jean Fust et Jean Guttemberg). 1450. La pompe à air. 1456. L'art de graver les estampes sur le cuivre, au burin et à l'eau forte.

[illegible]

[illegible] *Conspiration en Italie.* [illegible] *de la Russie contre les Tartares*, Ivan Wasiliewitz [illegible]. An. 1461. Marguerite vaincue à *Towton* [illegible]. T. 1464. Paul II succ. à Pie II. [illegible] 1465. Bat. de Medina del Campo. Pol. 1466. Paix de Thorn. An. 1470. Édouard IV, trahi à Nottingham, se sauve en [illegible]. V. Supplém.

1461. Postes en France. 1462. Livres imprimés. 1468. m. de Guttemberg invent. de l'imprimerie. Vi. 1471. Juvénal des Ursins, hist. Villon, po. 1481. Platine, hist.

56. CHARLES VIII, l'Affable, f. d. pr. r. 1483, rég. 15. Régence d'Anne de Beaujeu, sœur du r. 1484. États généraux à Tours. *Ligue contre Anne* qui gouverne. Bat. de *Saint-Aubin du Cormier*, où le duc d'Orléans est fait prisonnier par La Trémouille. Paix de Sablé. V. Supplém.

An. 1485. *Richard III*, dit le Néron, tué à la bat. de *Bosworth* par Henri Tudor. *Famille Tudor.* Henri VII réunit les droits des deux roses. Ec. 1488. Mort de Jacques III. Jacques IV. Il soutient le peuple contre la noblesse. Sa m. à la bat. de *Flodden*, en 1513, désastreuse pour la noblesse. 1492. COLOMB DÉCOUVRE L'AMÉRIQUE ET ARRIVE AUX ÎLES LUCAYES. V. Supplém.

Première branche d'Orléans, 1 roi.

57. LOUIS XII, le père du peuple, f. d. Charles, duc d'Orléans, fils de Louis d'Orléans, frère de Charles VI; r. 1498, rég. 17. Il épouse Anne de Bretagne, veuve de son prédécesseur. NOUVELLES CAMPAGNES D'ITALIE. Louis Sforce battu et fait prisonnier. Conquête du Milanais. 1500. Traité de Grenade. Louis, aidé de *Ferdinand-le-Catholique*, prend Naples et la Sicile; ils se brouillent pour le partage. 1503. *Bat. de Séminara et de Cérignoles* gagnées par Gonzalve de Cordoue sur les Fr. Perte du roy. de Naples. Mariage de la princesse Claude avec François d'Angoulême. Louis saccage Gênes révoltée. 1508. *Ligue de Cambrai* contre Venise, formée de Louis XII, de Jules II, pape, de Maximilien et de Ferdinand-le-Catholique. 1509. *Victoire d'Agnadel.* 1511. *Sainte ligue contre Louis.* Gaston de Foix vainq. à Bologne, à Brescia, 1512 à Ravenne où il périt. Le Milanais perdu. Les Anglais contre les Fr. gagnent la bat. de *Guinegate*, dite des *éperons*. Mariage de Louis XII avec Marie d'Angleterre.

Al. 1499. Traité de Bâle entre Maximilien et la confédération suisse. T. 1503. Mort d'Alexandre VI. 1501. *Dynastie des Sophis en Perse.* Es. *Ministère de Ximénès.* 1504. Mort d'Isabelle. Ru. 1505. Wasili IV succ. à Ivan III. An. 1509. [illegible] [illegible]. O. 1512. Sélim, le féroce, s'empare de la Syrie et de l'Égypte. — Es. conquête de la Navarre par Ferdinand sur Jean d'Albret. Su. 1513. Christian [illegible] [illegible]. [illegible]

1499. Chambre obscure. Marsile Ficin, ph. 1500. Montres de poche. Le Brésil découvert par Alvarez Cabral. 1502. Découverte de l'île Ste-Hélène, etc. 1508. Pontanus, [illegible]. 1506. *Christophe Colomb* [illegible], m. [illegible]. 1509. *Commines* [illegible] [illegible]

16me Siècle.

Seconde branche des Valois, 5 rois. — Continuation des guerres d'Italie. Troubles religieux partout. Luther, Zwingle, Calvin, Anabaptistes, Protestants, Puritains, etc.

58. FRANÇOIS Ier, le père des lettres, f. de Charles, comte d'Angoulême, qui était fils de Jean d'Angoulême, fils de Louis d'Orléans, fr. de Charles VI, r. en 1515, rég. 32. SON EXPÉDITION EN ITALIE. 1515. Bat. de *Marignan*, dite des géants, gagnée sur les Suisses. Prise du Milanais. 1516. Concordat de Léon X et de François. 1516. Traité de Noyon avec les Suisses. 1519. *Mort de Maximilien emp. d'Autriche.* 1520. Champ du drap d'or. RIVALITÉ DE FRANÇOIS ET DE CHARLES-QUINT. Le premier est appuyé par les Suisses, les Vénitiens, et le second par *Henri VIII*, roi d'Angleterre, de Léon X et de toute l'Italie. Les Impériaux repoussés par *Bayard*. Valeur de Lautrec. Le Milanais est perdu. Trahison et procès du connétable de Bourbon. 2me *Expédition.* 1522. Retraite de Bonnivet. 1524. Mort de *Bayard*. 1525. Bat. de *Pavie*. Captivité du roi. 1526. Traité de *Madrid*. Délivrance de François. *Ligue contre Charles-Quint* formée du r. de France, des Suisses, des Vénitiens, du pape, du r. d'Angl. 1527. Rome saccagée. Mort du connétable. Valeur de Lautrec, sa m. Déroute des Français à Landriano. 1529. Traité de *Cambrai*. V. Supplém.

Empire des Mogols dans l'Inde. Es. 1516. Mort de Ferdinand-le-catholique. T. 1517. RÉFORME DE LUTHER, ZWINGLE, CALVIN. O. 1521. *Soliman II.* Ses conquêtes; il assiége Vienne en 1529. — Barberousse à Alger. Por. Jean III. Sébastien, son petit-fils. Al. 1521. Diète de Worms. Su. 1523. *Maison de Vasa.* Gustave délivre la Suède de la tyrannie de Christian II. Da. Frédéric de Holstein. Pru. 1525. Albert de Brandebourg, grand maître de l'ordre teutonique. Al. 1529. Diète de Spire. 1530. Confession d'Augsbourg. T. Ignace de Loyola fonde la compagnie de Jésus. Ligue de Smalkalde. T. Ignace de Loyola, etc. 1532. Alexandre de Médicis. 1537. Côme Ier de Médicis, [illegible] 1569. Al. 1532. Diète de Nuremberg. Da. 1533. Mort de Frédéric Ier. Ru. 1533. Ivan IV. Il établit les Strélitz. Da. 1536. Christian III abolit le culte catholique. T. 1545. *Concile de Trente.* It. 1546. Conjuration de Fiesque à Gênes contre Doria.

Grand nombre de découvertes maritimes. 1516. Améric Vespuce m. 63. 1517. [illegible], [illegible]. 1518. Menou [illegible]. 1519. Conquête du Mexique par Fernand Cortez. 1520. 1er voyage autour du monde par Magellan. 1520. RAPHAËL, pein. [illegible]. Léonard de Vinci, pein. 1527. *Machiavel*, publ. m. 58. 1528. Pomponat, ph. m. 42. Durer, pein. 1530. Imprimerie royale, collége royal. Sannazar, poë. V. Supplém.

59. HENRI II (despote), f. d. pr. r. 1547, rég. 12. Marie Stuart est fiancée au dauphin. Édits despotiques, révoltes en Poitou et en Guienne. 1547. REPRISE DE LA GUERRE CONTRE CHARLES-QUINT. Henri reprend Boulogne aux Anglais, et Metz, Toul et Verdun à Charles-Quint qui vient assiéger Metz, défendu par le duc de Guise. Il est vaincu à Renti. 1556. Abdication de Charl.-Quint. 1558, sa mort. [illegible] PHILIPPE II, marié avec Marie, reine d'Angleterre. 1557. Défaite des Français à *St-Quentin*, chef le connétable de Montmorency contre le duc de Savoie à la tête des Esp. et des Ang. Reprise de Calais par le duc de Guise. 1558. Bat. de Gravelines. 1559. *Paix de Cateau-Cambrésis.* Mariage d'Élisabeth, fille d'Henri II avec Philippe II et de Marguerite, sa sœur, avec le duc de Savoie.

Al. [illegible] LA RÉFORME [illegible] LA PAIX D'AUGSBOURG. Al. 1547, L'électeur de Saxe, Frédéric, défait par Charles-Quint à la bat. de Muhlberg. Pol. 1548. Sigismond II, Auguste. Al. 1551. *Le jeune Maurice contre Charles-Quint.* Al. 1552. Convention de Passau. An. 1553. Règne de Marie-Tudor. Al. 1555. Paix d'*Augsbourg*. E. 1556. [illegible] PHILIPPE II. An. Règne d'*Élisabeth*. 1558. Guerre de Livonie, finie en 1583. Al. 1558. Ferdinand Ier.

1549. Marguerite de Valois, litt. 1550. Trissin, poë. Fontaine des Innocents. 1553. Rabelais, célèbre by [illegible]. *Gargantua* m. 70. 1552. Paul Jove, hist. François Xavier, miss. 1558. Sa-Miranda, [illegible] portugais. J. C. Scaliger, écri. méd. à Agen. Son fils, écri. savant, m. en [illegible]. Compagnie des Indes établie.

60. FRANÇOIS II (subordonné), f. d. r. 1559, rég. 1. PREMIÈRES GUERRES DE LA RÉFORME EN FRANCE. Les Guises, chargés du gouvernement, à la tête des catholiques, Antoine de Bourbon, roi de Navarre, et le prince de Condé, son frère, à la tête des protestants. 1560. *Conjuration d'Amboise* dirigée par le prince de Condé. Les Guises découvrent le complot. *Édit de Romorantin*, rédigé par le chancelier *L'Hôpital*. Requête de *Coligny*. États généraux. Arrestation de Condé.

Hol. *Guillaume Ier Stathouder.* An. 1559. *Lutte de l'Écosse et de l'Angleterre.* Da. 1559. Frédéric II fait fleurir le commerce et la navigation, honoré de son [illegible] Tycho-Brahé.

Orateurs sacrés du 16e siècle: Valladier, Vigor, du Chatel, Despence, Richardot, Sorbin de Sainte-Foy. 1560. Mélancton, réform., m. 63.

61. CHARLES IX (barbare), fr. d. pr. r. 1560, rég. 14. Régence de Catherine de Médicis. 1562. Massacre de *Vassy* par ordre du duc de Guise [illegible]. *Première guerre civile.* 1562. Bat. de Dreux perdue par les protestants. 1563. Assassinat de François de Guise. V. Supplém.

Al. 1564. Maximilien II. PROGRÈS DE LA RÉFORME DANS LES PAYS-BAS. *Granvelle, le duc d'Albe, les Gueux.* 1566. Sélim II prend Chypre et Tunis. O. Guerre contre les Turcs. Hol. 1568. Mort des comtes d'Egmont et de Horn. V. Supplém.

1560. Tabac apporté en France. 1562. Fallope, [illegible]. 1564. *Michel-Ange*, pein. Vi. Le Titien, Palladio, Primatice, pein. 1565. Gesner, nat. 1566. Dumoulin, juris. V. Supplém.

62. HENRI III (le Polonais), fr. d. pr. r. 1574, rég. 15. 5e. *Guerre civile* entre les catholiques et les protestants. 5e Paix. 1576. *La sainte Ligue*, chefs: Henri III et les Guises appuyés de Philippe II, roi d'Espagne. États généraux à Blois. 1577. 6e *Guerre civile*. Édit de Poitiers. 1577. Traité de Nérac. 7e *Guerre civile*, dite des amoureux. 1581. Paix de Fleix. Mort du duc d'Anjou. 1585. 8e *Guerre civile*. Bat. de *Coutras*. *Les Seize*. Journée des barricades. Le roi obligé de s'éloigner. V. Supplém.

S. 1574. [illegible] 1607. Al. 1576. Rodolphe II. Hol. 1579. *Hollande en république.* Guillaume, prince d'Orange, en est le chef. Son fils Maurice lui succède. Es. *Philippe II* attaque la Hollande appuyée par *Élisabeth*, reine d'Angleterre. Destruction de l'*invincible Armada* en 1588. T. 1582. Réforme du calendrier par le pape Grégoire XIII. — Ru. *Fédor le dernier des Rurick.* Ec. 1587. Marie Stuart décapitée. Su. 1588. Christian IV [illegible] [illegible]

1576. Cardan, sav. 1577. De Monluc, hist. Bernard Palissy, [illegible]. 1578. Pont-neuf. 1579. *Le Camoens*, poë. portugais. Académie de musique en France. [illegible]

8me TABLEAU.

Branche des Bourbons avec les événements synchroniques durant cette période.

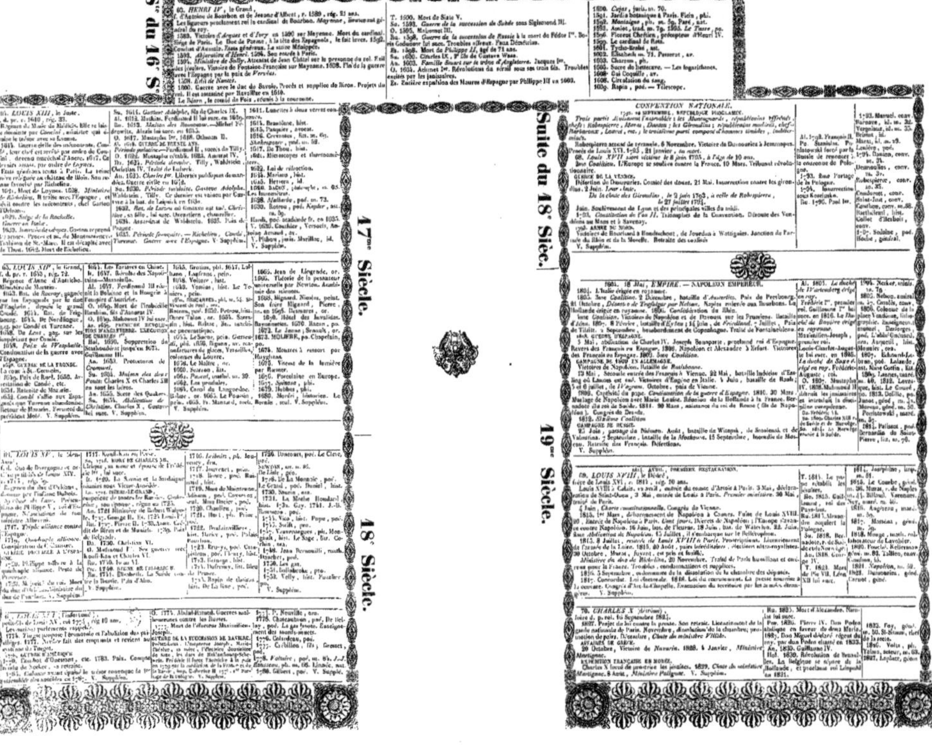

Règne

DE

LOUIS-PHILIPPE.

La révolution française de 1830 réveille les idées libérales ; l'esprit d'émancipation se répand parmi les populations : la Belgique, la Pologne, l'Italie, l'Espagne, etc. s'ébranlent pour se soustraire à l'absolutisme et se constituer démocratiquement ; mais des partis contraires arrêtent ou ralentissent ces tendances républicaines. — La politique des cabinets tend encore à comprimer ou à modérer ces élans de libéralisme, à maintenir la paix du monde et l'équilibre européen.

Seconde branche d'Orléans.

LOUIS-PHILIPPE, descendant de Henri IV par la branche cadette, roi des Français en 1830.

6 Août. Casimir Perrier président de la chambre des députés. Clausel passe en Afrique. 18, 19, 20 Octobre. Emeutes à Paris. 21 Décembre. Condamnation des quatre ex-ministres. Ils sont transférés dans la forteresse du Ham.

1831. 13 Mars. *Le ministère Lafitte est remplacé par le ministère Casimir Perrier.* Octobre. Insurrection des ouvriers à Lyon. 29 Octobre. Loi qui supprime l'hérédité de la pairie. 1832. Mai. La duchesse de Berry dans la Vendée ; sa captivité à Blaye. 6 Juin. Paris en état de Siége.

11 Octobre. *Ministère Soult, puis Gérard.* Décembre. La France et l'Angleterre augmentent leurs forces navales.

1834. 13 et 14 Avril. Emeutes et barricades à Paris. 10 Novembre. *Ministère des trois jours.* 18. *Ministère présidé par le duc de Trévise, puis par le duc de Broglie.*

1835. 28 Juillet. Machine infernale de Fieschi. Le maréchal Mortier est tué. 5 Décembre. Prise de Mascara.

1836. 19 et 22 Février. Exécution de Fieschi, Morey et Pepin. 22 Février. *Ministère Thiers.* 25 Juin. Attentat d'Alibaud. 6 Septembre. *Ministère Molé.* 30 Octobre. Tentative de Louis Bonaparte à Strasbourg. 6 Novembre. Mort de Charles X à Goritz.

1837. 15 Avril. *Ministère Molé.*

1837. 25 Avril. Meunier condamné à m. pour attentat à la vie du roi. 30 Mai. Mariage du duc d'Orléans avec la princesse Hélène de Mecklembourg Swerin.

13 Octobre. Prise de Constantine. Damrémont, géné. en chef, y est tué.

1838. 25 Mai. Condamnation de Huber et de ses complices pour attentat à la vie du roi. 24 Août. Naissance du Comte de Paris. 1839. 9 Mars. Traité de paix entre la France et le Mexique. 31 Mars. *Cabinet intérimaire sans président.* 12 *Mai. Ministère Soult.* Nouvelle insurrection républicaine à Paris. 14 Juillet. Barbès condamné à m.

1840. 3 Février. Affaire de Mazagran ; 123 Français contre 12,000 Arabes.

I.er Mars. *Ministère Thiers.* 27 Mars. Mariage du duc de Nemours avec la princesse Victoire de Saxe-Gotha.

6 Août. Tentative de Napoléon Bonaparte à Boulogne. Il est condamné par la cour des pairs le 6 Octobre. La France refuse son adhésion au traité du 15 juillet. 15 Octobre. Attentat Darmès condamné à la peine de m. et exécuté le 31 mai. 28 Octobre. *Ministère Soult.* 15 Décembre. Translation des cendres de Napoléon dans l'hôtel des Invalides.

1841. Juillet. Graves désordres à Toulouse, à l'occasion du recensement. 13 Septembre. Attentat Quénisset.

1842. Discussion sur le droit de visite. 28 Mars. Naissance du Comte d'Eu, fils de la duchesse de Nemours. 8 Mai. Catastrophe sur le chemin de fer de Versailles à Paris. Mort de l'amiral Dumont-Durville, etc.

13 Juillet. *Mort du duc d'Orléans.*

1843. Août. Mariage du prince de Joinville avec la princesse Françoise-Caroline, sœur de l'empereur du Brésil.

An. 1830. Guillaume IV.

Bel. 25 Août. *Révolution de la Belgique.*

It. Ferdinand II, r. de Naples et des Deux-Siciles.

Su. 26 Nov. *Révolution suisse.*

Pol. 29. *Révolution de Pologne.*

T. Mort de Pie VIII. Grégoire XVI lui succ.

Bel. 8 Déc. Les cinq puissances reconnaissent l'indépendance de la Belgique.

It. 1831. Fév. *Insurrection des états romains et des duchés de Parme et de Modène.*

Bel. 1831. Le r. de France refuse la couronne de Belgique pour son fils, le duc de Nemours.

Am. 8 Avril. Don Pédro, emp. du Brésil, abdique en faveur de son fils.

It. 1831. 24 Avril. Mort de Charles-Félix, r. de Sardaigne. Charles Albert lui succ.

Bel. 24 Juin. *Léopold de Saxe-Cobourg accepte la couronne de la Belgique.*

Pol. 8 Sept. Capitulation de Varsovie.

Le roy. de Pologne anéanti.

Gr. 9 Oct. Ass. du comte Capo-d'Istrias, président de la Grèce. 15 Nov. Traité d'alliance entre les cinq grandes puissances et la Belgique.

Gr. 1832. *Le prince de Bavière est promu au trône de la Grèce.*

Eg. Mai. Prise de St Jean-d'Acre par Ibrahim.

Bel. 23 Déc. Prise de la citadelle d'Anvers.

Por. 1833. 24 Juillet. Prise de Lisbonne par les troupes de Dona Maria, reconnue reine du Portugal par la France et l'Angleterre, le 25 août.

Es. 1833. 29 Sept. Mort de Ferdinand VII, r. d'Espagne. 2 Octobre. Isabelle II proclamée reine à Madrid.

It. 1834. 3 Fév. Expédition armée sur la Savoie.

Por. 24 Sept. Mort de don Pédro, régent.

Es. 27. Le général Mina commandant des armées de la reine d'Espagne. Il est nommé vice-roi de Navarre le 20 nov.

Es. *Les troupes de la reine d'Espagne en lutte avec celles de don Carlos.*

Al. 1835. 2 Mars. Mort de François II emp. d'Autriche. Ferdinand IV lui succ.

Por. 1836. Dona Maria épouse le prince Ferdinand de Saxe-Cobourg.

Al. I.er Sept. L'emp. d'Autriche est couronné r. de Bohême.

An. 1837. 20 Juin. Mort de Guillaume IV, r. d'Angleterre. La princesse Victoria monte sur le trône.

It. 6 Sept. Couronnement de l'emp. d'Autriche à Milan, comme r. d'Italie.

Es. 15 Oct. Mariage du fils aîné de don Carlos avec la princesse de Beira.

Am. 1839. La nouvelle du tremblement de terre à la Martinique apportée en France.

Hol. 8 Juin. Ratification du traité de paix entre la Belgique et la Hollande.

O. 30. Juin. Mort du sultan Mahmoud. Son fils, Abdul-Medjid, emp. Il donne une constitution à son emp.

Es. 14 Sept. Don Carlos et sa famille en France. Bourges leur est assigné.

Da. 3 Déc. Mort de Frédéric VI, r. de Danemarck.

An. 1840. 10 Fév. Mariage de la reine d'Angleterre avec le prince Albert de Saxe-Cobourg.

Pr. 7 Juin. Mort de Frédéric-Guillaume, r. de Prusse ; son fils, Guillaume IV lui succ.

Es. 6 Juillet. Cabrera, battu par Espartero à Berga, se réfugie en France.

Egy. 17 Août. Le vice-roi d'Egypte refuse de se soumettre à la décision des quatre puissances.

Asi. Bombardement de Beyrouth et commencement des hostilités en Syrie.

Hol. Abdication de Guillaume en faveur du prince d'Orange, son fils.

Es. 12 Oct. La reine Christine se démet de la régence en faveur de Spartero.

Egy. 27. Nov. Le commodore Napier et Méhémet-Ali signent une convention qui met fin à la guerre.

1841. Le traité du 15 juillet est détruit par les cinq grandes puissances, et la France rentre dans le conseil de l'Europe.

Asi. 21 Août. La g. continue entre l'Angleterre et la Chine.

Por. 1842. 26 Janv. Charte de don Pedro proclamée.

Asi. 29 Août. Les chinois signent un traité de paix avec l'Ang.

Es. 13 Nov. *Insurrection de Barcelonne.* L'Espagne est le théâtre de luttes sanglantes entre les trois partis, constitutionnel, républicain et légitimiste.

Es. 1843. Août. Chute de Spartero, régent. 8 Nov. La reine d'Espagne, Isabelle II, est reconnue majeure.

1830. 8 Décembre. *Benjamin Constant, ora.*

1831. Martignac, ministre.

1832. 14 Mai. Cuvier, naturaliste.

16. Casimir Perrier. Goëte, po.

I.er Juin. Lamarque, général.

22 Juillet. Le duc de Reichstadt, fils de Napoléon.

21 Sept. Walter Scott, litt.

1833. 23 Oct. Jourdan, maréchal.

1834. Mars. Musée national formé à Versailles.

20 Mai. Lafayette, général.

8 Fév. Dupuytren, médecin.

5 Juin. Kellerman, général.

1836. 2 Fév. Lætitia Bonaparte.

22 Sept. Carrel tué en duel.

25 Oct. Obélisque de Louqsor à Paris.

1838. Le prince de Talleyrand, diplomate.

7 Juin. La duchesse d'Abrantès, litt.

11 Mars. Mort tragique de Nourrit.

18 Mai. Caroline Bonaparte, sœur de Napoléon et veuve de Murat.

2 Août. Inauguration du chemin de fer de Paris à Versailles.

30 Sept. Michaud, biographe.

1840. 27 Mai. Paganini, violoniste.

1841. Avril. Fortifications de Paris votées par la chambre des pairs.

24. Juin. Garnier Pagès, député.

23. Juillet. H. Fonfrède, publi.

12 Déc. L'abbé Frayssinous, prédicateur.

1842. Cambronne, général, m. 70.

20 Mars. Clausel, général.

25. Humann, ministre.

6 Mai. Incendie de Hambourg.

7. Tremblement de terre à Saint-Domingue.

15 Mai. Las Cazes, hist.

1843. 8 Fév. Affreux tremblement de terre à la Guadeloupe.

SUPPLÉMENT

Aux 4me, 5me, 6me, 7me et 8me Tableaux.

4e Tableau.

CHILDEBERT Ler.

Première colonne.

538. Massacre des enfants de Clodomir. 534. Conquête de la Bourgogne sur Gondemar, succ. de Sigismond. 531-542. Guerre contre les Visigoths en Espagne.

Deuxième colonne.

Sur Hermanfrid. 539. Guerre contre les Ostrogoths par Théodebert et Théodebald, son fils.

Troisième colonne.

It. 536. Vitigès. 541. Totila. 553. Téias, Aligern. *Empire des Ostrogoths détruit par Narsès, gén. de Justinien.*

Quatrième colonne.

6e. S. Théophile, juris. Ménandre, hist. V. 550. Coluthus, po. Macédonius, id. Olympiodore, ph. Paul le Silentiaire, id. VI. Pallas, de Chalcis, po. Sallustius, ph. Hiéroclès, id. Simplicius, id. Damascius, id.

CLOTAIRE II.

Deuxième colonne.

Ar. 622. FUITE DE MAHOMET DE LA MECQUE.
Hon. Défaite de Baïan, chef des Avares, en Pannonie.

5e Tableau.

LOUIS Ler, le Débonnaire.

Deuxième colonne.

An. 836. Ethelwolf. Ethelbald et Ethelbert lui succ. en 857. Ce dernier seul roi en 860. Ethelred lui succ. en 866.

CHARLES III, le Simple.

Deuxième colonne.

An. 900. Edouard l'Ancien.

6e Tableau.

ROBERT, le Pieux.

Deuxième colonne.

An. 1013. *Famille Danoise.* Suénon. 1014. Ethelred II rétabli. Son fils, Edmond II, est ass. en 1017.
O. 1014. Basile II met fin au roy. des Bulgares, après avoir exercé sur 15,000 prisonniers une barbarie atroce. Zoé et Théodora, ses indignes filles.
An. 1017. CANUT, LE GRAND, ROI D'ANGLETERRE, DU DANEMARK ET DE LA NORWÉGE.
Ru. 1018. Jaroslaf, premier législateur des Russes.
Asi. 1020. Les Turcs Seldjoucides se divisent en quatre branches.
Al. 1024. *Famille de Franconie.* Conrad II, Ler roi.

HENRI Ler.

Deuxième colonne.

T. 1054. Schisme de l'église grecque.
Es. L'Espagne se trouve divisée en 4 roy. chrétiens et 10 états musulmans.
Ru. 1054. Après la m. de Jaroslaf, ses états furent partagés entre ses fils. *Anarchie.*
Al. 1056. Henri IV. Henri V lui succ. en 1106.
O. 1057. *Maison des Comnènes.* Isaac Comnène. Il abdique en 1059 en faveur de Constantin X, Ducas.
T. Hérésie de Béranger.
As. 1098. Princes latins à Antioche, ... Cette dernière ville est prise par les ... en 1268.
1101. *Roger II. Il s'empare de la Pouille en 1127; il est reconnu roi des Deux-Siciles en 1130.*

PHILIPPE Ler.

Première colonne.

Hugues de Vermandois, Étienne de Blois, Bohémond, prince de Tarente avec Tancrède, son neveu, etc.
1099. Godefroy de Bouillon, r. de Jérusalem: les chrétiens en sont chassés en 1291.

Deuxième colonne.

Boh. 1086. Wratislas II, Ler roi.
Es. 1086. *Les Almoravides envahissent l'Espagne;* khalife, Yousef.
An. 1087. Guillaume II, le Roux.
Ec. 1093. *Origine bien connue du roy. d'Écosse.*
Por. 1095. Henri de Bourgogne, comte de Portugal.
As. 1098. Princes d'Antioche ... 1144.
An. 1100. Henri Ler. Il convoque une assemblée nationale.
Po. 1102. Boleslas III gag. 47 bat.
Al. 1106. Henri V.

LOUIS VII.

Deuxième colonne.

Ru. N. 1151. Jouri Ler fonde Moskow et Wladimir.
Al. 1152. *Frédéric Barberousse; ses expéditions en Italie.*
An. 1154. *Famille d'Anjou ou de Plantagenet.* Henri II, Ler roi. 1170. Assassinat de Thomas Becket. Henri fait la conquête de l'Irlande en 1171. Sa g. avec ses fils, Geoffroi-Conti-Martel, Richard Cœur-de-Lion et sa femme Eléonore révoltés.
Su. 1155. Eric IX, le Saint, police sa nation, et convertit les Finnois. Charles VII, son frère, r. de toute la Suède en 1161.
Da. 1157. Règne de Waldemar Ler; *ses conquêtes,* ses lois; il fonde Dantzick et Copenhague; ses deux fils, Canut VI et Waldemar II, le Victorieux. *Dissensions* jusqu'à l'élection de Waldemar IV, père de Marguerite, en 1340.
Es. 1157. Mort d'Alphonse VIII. Sanche III, roi de Castille, et Ferdinand II, roi de Léon; leur fils de même nom, Alphonse IX, leur succ.
Ru. 1157. Grands ducs de Wladimir. André Ler.
It. 1164. Lre ligue lombarde.
Eg. 1171. Au dernier khalife Fatime, succ. les sultans. Les Turcs ottomans s'emparent de l'Égypte en 1517.

PHILIPPE II.

Première colonne.

Philippe favorise la révolte de Richard Ler et de *Jean-Sans-Terre* contre leur père. 1189. Traité de Colombière.
1189-1193. TROISIÈME CROISADE, CHEFS:
Frédéric Barberousse, Philippe II et Richard Cœur-de-Lion, sous le pontificat de Clément III.
1192. Guy de Lusignan, Ler roi de Chypre, cédée aux Vénitiens en 1489, prise par les Turcs en 1571.
1192. *Nouvelle g. avec l'Angl.* au sujet d'Alix, sœur du roi de France, délaissée par Richard. 1199. Mort de Richard.
1202-1204. QUATRIÈME CROISADE
prêchée par Foulques, curé de Neuilly; chefs: Thibaut, comte de Champagne, Baudouin IX, comte de Flandre, Boniface II, marquis de Montferrat, Henri Dandolo, doge de Venise, Innocent III, pape.
1204. *Emp. des Français à Constantinople.* Baudouin Ler empereur. 1206. *Empereurs grecs à Nicée:* Théodore de Lascaris, *emp., etc.,* jusqu'en 1237.
1207. *Guerre contre les Albigeois.*
1214. *Ligue contre Philippe II.* Bat. de Bouvines.
La Normandie, la Touraine, le Maine, le Poitou, réunis à la couronne.

Deuxième colonne.

As. 1187. Saladin prend Jérusalem.
An. 1189. Richard Cœur-de-Lion. Jean-Sans-Terre lui succ. en 1199. Il fait périr Arthur en 1203.
Al. 1193. Henri VI. Ses rigueurs en Sicile. Il épouse Constance.
Es. 1195. Bat. d'Alarcos gag. sur les chrétiens par Yacoub, fils d'Yousef, et chef des Maures.
Al. 1198. Philippe de Souabe et Othon IV. Ils sont dominés par Innocent III.
Es. 1212. Victoire de Tolosa gag. sur Mohammed-el-Naser par les rois de Castille, d'Aragon et de Navarre.
Al. 1212. *Règne de Frédéric II.*
Es. 1213. Règne de *Jacques-le-Conquérant*, r. d'Aragon.
Al. 1213. Frédéric II publie la constitution d'Eger.
An. 1215. *Grande charte signée par Jean-Sans-Terre.*
Asi. Conquête de Gengis-Kan.
An. 1216. *Règne de Henri III.*
T. 1217-1221. CINQUIÈME CROISADE, CHEFS.
Jean de Brienne, r. de Jérusalem, et André II, r. de Hongrie, Honorius III, pape.
Es. 1217. *Règne de St-Ferdinand* en Castille, r. de Léon en 1230.

Troisième colonne.

1200. Fondation de l'université de Paris.

LOUIS IX, le Saint.

Première colonne.

Mort de Blanche. Retour de Louis; sa sage administration.
1270. HUITIÈME CROISADE, CHEFS:
St. Louis, Charles d'Anjou et le prince Édouard d'Angleterre, sous le pontificat de Clément IV. Mort de Louis à Tunis, le 25 août 1270.

Deuxième colonne.

Su. 1250. Élection de Waldemar. Il fonde Stockholm. Il abdique en faveur de son frère *Magnus* 1275.
Da. 1250. Dissensions entre la royauté et le clergé, sous le règne d'Abel et de Christophe Ler.
Ru. Les Mongols se jettent sur la Russie à la faveur des dissensions qui la déchirent, et la tiennent dans l'esclavage 200 ans.
Es. 1252. *Règne d'Alphonse X,* le Savant, r. de Castille et de Léon.
It. 1257. Seigneurie et duché de Milan. Les Torriani. François II Sforce, dernier duc, 1535.
Al. 1257. Richard de Cornouailles, et Alphonse de Castille.
Asi. 1258. Bagdad pris par les Mongols.
An. 1258. Tyrannie de Henri III; révolte des barons.
O. 1261. *Nouvel emp. grec.* Michel Paléologue enlève Constantinople à Baudouin II.
N. 1266. Charles d'Anjou, frère de St. Louis, couronné r. de Naples après la bat. de Bénévent où périt Mainfroi.
Es. 1267. Invasion des Mérinides.
1268. Bat. de Tagliacozzo.
Es. 1269. *Chute des Almohades.*

PHILIPPE III.

Deuxième colonne.

O. 1282. Andronic, l'Ancien. Il est déposé par Andronic, le Jeune, en 1328.
An. 1283. Conquête du pays de Galles par Édouard Ler, sur Léolyn qui périt à la bat. de Snowdon. Supplice de son frère David.
It. 1284. Gênes en guerre avec Pise au sujet de la Corse. Pise perd la bat. de Meloria et est forcée par Gênes à combler son port ... régions, etc.

7e Tableau.

CHARLES V.

Première colonne.

Reprise des hostilités contre l'Angleterre; succès des Français. 1375. Trêve. Mort d'Édouard III en 1375, de son fils en 1376, de Duguesclin en 1379.
L'Anjou, le Poitou, la Saintonge et le Limousin réunis à la couronne.

Deuxième colonne.

An. 1377. Richard II. La régence est disputée par ses trois oncles, les ducs d'York, de Lancastre et de Glocester. Finances dilapidées, impôt de la capitation.
T. 1377. *Grand schisme d'Occident*, fini en 1449. Clément VII va résider à Avignon en 1378.
Al. 1378. Wenceslas de Luxembourg.
It. 1378. Guerre de Chiozza. Victor Pisani, puis Carmagnole à la tête des Vénitiens contre les Génois. Paix de Turin en 1381.

CHARLES VI, le Bien-Aimé.

Première colonne.

1382. *Lutte avec les Flamands.* Ils sont battus à Rosbeck.
1385. *Reprise de la lutte avec l'Angleterre.*
1389. Trêve.
1392. *Démence du roi.* Il est délaissé par la reine Isabeau. Les ducs de Bourgogne et de Berri s'emparent de la régence à l'exclusion du duc d'Orléans, frère du roi.
1395. 2e Trêve avec l'Angleterre.
1407. *Assassinat du duc d'Orléans* par Jean-Sans-Peur.
1411. *Lutte des Armagnacs et des Bourguignons.*
1415. *Invasion de Henri V.* Bat. d'*Azincourt* perdue par les Français. 1418. *Massacre des Armagnacs.*
1419. Conférence de Montereau; *meurtre de Jean-Sans-Peur.* 1420. *Traité de Troyes.* Paris livré aux Anglais.

Deuxième colonne.

It. 1395. Le Milanais érigé en duché.
It. 1395. *Maison ducale de Visconti à Milan.* Jean-Galéas, Ler duc.
Sc. 1397. UNION DE CALMAR AVEC MARGUERITE DE WALDEMAR.
Eric, son neveu, lui succ. en 1412. Sa déposition en 1439.
An. 1399. *Avènement de la rose rouge ou de Lancastre au préjudice de la Maison d'York.* Henri IV.
Al. 1400. Robert de Bavière. Josse lui succ. en 1410.
O. 1403. Soliman Ler.
Ec. 1406. *Lutte de la noblesse contre les Stuarts.* Jacques Ler.
Al. 1411. Sigismond de Luxembourg.
Es. 1412. *Maison de Castille à Barcelone.* Ferdinand-le-Juste.
It. 1413. Traité de Lodi.
An. 1413. Henri V.
T. 1414. Jean XXIII, d'accord avec Sigismond, convoque le concile général de Constance qui condamne au feu Jean Hus et Jérôme de Prague.
T. *Guerre des Hussites* protégés par Wenceslas IV, r. de Bohême.

Troisième colonne.

1391. Cartes à jouer. 1400. Balde, juris. 1403. Tamerlan, conq. Vi. Chartier, hist. 1411. Jean Petit.
1412. Pont Notre Dame, le plus ancien de Paris.
1417. Peinture à l'huile. Chrisoloras, sav. Poggio et Tiferuas, ses disciples. 1419. *Froissard, hist.* m. 80.

CHARLES VII.

Deuxième colonne.

Su. 1448. *Élection de Charles VIII Canutson.* La Suède est séparée du Danemark qui reste unie à la Norwége, roi Christian Ler, de la Maison allemande d'Oldenbourg.
It. 1450. François Sforce à Milan.
Ducs d'Este, ... duc de Modène et de Reggio ...
An. 1455. GUERRE DES DEUX ROSES.
Henri VI de Lancastre. Richard d'York lui dispute la couronne. Mariage de Henri avec Marguerite d'Anjou.
O. 1453. PRISE DE CONSTANTINOPLE PAR MAHOMET II, SOUS CONSTANTIN II PALÉOLOGUE.
N. 1453. Tentative de *Jean* de Calabre sur le roy. de Naples. 1454, Inquisiteurs d'état à Venise. — Traité de Lodi.
Es. 1454. Henri IV, roi de Castille. *Isabelle Ire* lui succ. en 1474.
An. 1455. *Protectorat de Richard.* Bat. de St. Albans gagnée par *Warwick* sur Henri VI. Marguerite, sa femme, battue à Northampton.
Es. 1458. Mort d'Alphonse V, r. d'Aragon. Jean II, son frère, r. de Navarre, lui succ.
Bo. 1458. Podiebrad élu r. de Bohême. Sa m. en 1471. Ladislas II lui succ. Il force Mathias Corvin, fils de Jean Huniade et r. de Hongrie, à la paix d'Olmutz, et réunit la Hongrie à la Bohême en 1490. Louis, son fils, m. en 1526.
Ec. 1460. Jacques III. Il est poignardé dans un moulin par son confesseur en 1488.
An. Marguerite victorieuse à Wakefield de Richard qui y périt. Édouard IV, fils de ce dernier, proclamé par Warwick.

LOUIS XI.

Première colonne.

États généraux de Tours.
1468. Entrevue à Péronne. Révolte des Liégeois. Louis fait prisonnier par *Charles-le-Téméraire*; mis en liberté, il fait annuler le traité de Péronne.
1472. Mort du duc de Guienne, frère du roi. Siége de Beauvais par Charles-le-Téméraire. 1475. Édouard IV passe en France. Vengeances de Louis. Le cardinal La Balue mis dans une cage de fer. Assassinat du cardinal d'Alby à Lectoure. Charles le Téméraire contre les Allemands, puis contre les Suisses. 1476. Battu à Grandson et à Morat, *il est tué au siége de Nanci*, 1477.
Fin du duché de Bourgogne.
1479. Bat. de Guinegate contre Maximilien, marié à Marie de Bourgogne. 1482. Traité d'Arras. Louis au château de Plessis-les-Tours. Ses terreurs, sa superstition.
Le Roussillon, les deux Bourgognes, l'Artois, la Picardie, la Provence, le Maine, l'Anjou réunis à la couronne.

Deuxième colonne.

An. 1471. Henri VI vainq. de *Warwick* à Barnet. Ce dernier y périt. Marguerite est prise à Teukesbury avec son fils qui est mas. Son père, Henri VI, mass. par le duc de Glocester.
Su. 1471. Sténon Ler Sture, administrateur.
T. 1474. Sixte IV. Prophéties de Savonarole.
1478. Julien de Médicis ass. dans une église, ainsi que Galéas Sforce en 1487.
An. 1478. Édouard IV fait mourir son frère Clarence dans un tonneau de vin, et est lui-même empoi. peut-être par son frère Glocester en 1483.
Es. 1478. Inquisition en *Espagne.*
1479. RÉUNION DES ROY. D'ARAGON ET DE CASTILLE PAR SUITE DU MARIAGE D'ISABELLE AVEC FERDINAND-LE-CATHOLIQUE.
Jeanne la Folle, leur fille.
It. Vente ... des Turcs. 1480. Prise d'Otrante.
O. 1481. Mort de Mahomet II. Bajazet II et Zizime, son frère, se disputent l'emp.
Por. 1481. Jean II fait périr le duc de Bragance.
Da. 1481. Jean réunit un instant *les trois roy. du nord.*
T. Ordre des minimes fondé par St. François de Paule.
An. 1483. Mort d'Édouard IV. Ses fils, Édouard V et Richard, sous la tutelle de Glocester qui les fait périr pour régner seul; il prend le nom de *Richard III.*

CHARLES VIII.

Première colonne.

Charles épouse Anne de Bretagne, quoique fiancé à Marguerite, fille de Maximilien d'Autriche. Traité de Senlis. Charles VIII abandonne à l'Autriche les comtés de Bourgogne, d'Artois et de Charolais.
1493. Traité d'Étaples, de Barcelonne, par lequel le Roussillon est rendu à Ferdinand d'Aragon.
1494. *Expédition en Italie* où les Français sont attirés par Louis le-Maure ou Sforce. Bat. de *Garillan*, de *San-Germano*, de *Capoue*, gagnées par Charles.
1495. *Son entrée à Naples.* Coalition contre lui. Il gagne la bat. de *Fornoue.* Traité de Verceil. Les Français perdent Naples et la Sicile.

Deuxième colonne.

Al. 1493. *Règne de Maximilien.* Son fils, Philippe-le-Beau, épouse Jeanne-la-Folle.
Por. 1497. *Emmanuel-le-Grand* chasse les Maures et favorise les voyages maritimes de Vasco de Gama qui découvre le Cap de Bonne-Espérance. *Fondation du nouvel emp. des Mogols.*
Al. 1495. Chambre impériale.
T. 1498. Mort de Savonarole.

FRANÇOIS Ler.

Première colonne.

Révolte des Gantois. Charles passe par Paris. *Reprise des hostilités contre Charles-Quint,* appuyé de *Henri VIII. Soliman II* pour les Français. 1544. Défaite de Charles à *Cérisoles.* Bombardement de Nice. 1544. Traité de *Crespy* avec l'emp. Traité avec l'Angleterre.
La Bresse, l'Auvergne, le Bourbonnais, la Bretagne, réunis à la couronne.

Troisième colonne.

1524. Pizarre au Pérou. 1531. Zwingle, réform. 1533. *Arioste*, po. 1530. Wolsey, cardinal. Hôtel de ville à Paris.
1534. Le Parmesan, peint. Le Corrège, idem. 1535. Du Prat, juris. Lascaris, érud. 1536. *Erasme*, ph. Castiglione de la Vega, po. Naissance du cardinal d'Ossat; m. en 1604. 1538. Loteries. Prophètes révélations en Chine. 1540. Guillaume Budé, érud. Guichardin, ... avocat. Vives, id. 1541. *Paracelse*, mé. 1543. *Copernic* ast. m. 70. 1544. *Marot*, po. m. 10. Gringore, po.
1546. LUTHER, l'hom. m. 62.
1547. Oranges en Europe. Bembo, hist. Vi. Sadolet, érud.

CHARLES IX.

Première colonne.

1563. Convention d'Amboise.
2e *Guerre civile.* 1567. Bat. de St. Denis, perdue par les protestants. 1568. Traité de Longjumeau.
3e *Guerre civile.* 1569. Bat. de Jarnac. Mort de Louis de Condé. 1570. Bat. de Moncontour, perdue par les protestants. 1570. Traité de St. Germain.
1572. *Massacre de la St. Barthélemi*, 24 au 25 août. Coligni égorgé et foulé aux pieds.
4e *Guerre civile.* 4e Paix.

Deuxième colonne.

Su. 1569. Eric XIV est déposé à cause de ses cruautés. Jean III, son frère, lui succ. et tente de rétablir le catholicisme. Son fils, Sigismond III, roi de Pologne, 1587.
Da. 1570. Paix de Stettin.
O. 1571. Bat. de Lepante où les Turcs sont défaits par don Juan, fils nat. de Charles-Quint, et par les Vénitiens.
Pol. 1572. *Mort de Sigismond II. Auguste le dernier des Jagellons.*

Troisième colonne.

1572. P. Ramus, ph. Jean Goujon, sculi.
1573. De Turnèbe, hist. Étienne Jodelle, po.
1574. P. Manuce, éru.

HENRI III.

Première colonne.

1588. Édit de l'Union. États généraux à Blois. Meurtre de Henri de Guise et du cardinal, son frère. Mayenne. Henri III s'unit à Henri de Navarre. Siége de Paris. 1589. Mort de Catherine de Médicis. Henri III ass. par Jacques Clément.

17e Siècle.

Le système de la balance ou de l'équilibre politique est suivi après le traité de *Westphalie.* — Guerres européennes. — Les beaux arts fleurissent et les grands hommes abondent.

LOUIS XIII.

Deuxième colonne.

Bernard de Weimar gag. la bat. de Rhinfeld et de Brisach.
Al. 1637. Ferdinand III.
O. 1640. Ibrahim. Mahomet IV lui succ. en 1649.
Por. 1640. *Révolution en Portugal.* Le duc de Bragance est reconnu r. sous le nom de Jean IV. Ses fils lui succ. Alphonse VI en 1656 et Pierre II en 1683.

Troisième colonne.

1635. Davila, hist. 1635. Callot, gra. Lope de Véga, com. 1640. Rubens; 1641. Van-Dyck; 1642. Le Guide, peintres.

LOUIS XIV.

Première colonne.

1652. Combat du faubourg St. Antoine. 2e Retraite de Mazarin, son rappel.
Fin de la guerre de la Fronde. Louis XIV fait alliance avec Cromwell.
1658. Turenne bat les Espagnols à la bat. des Dunes.
1659. *Paix des pyrénées.*
Réunion du Roussillon et de la Cerdagne à la France.
1661. M. de Mazarin.
1661. Disgrâce de Fouquet.
MINISTÈRE COLBERT.
Louvois organise l'armée.
1665. Mort de Philippe IV, r. d'Espagne.
1667. GUERRE DES PAYS-BAS.
1668. *Paix d'Aix-la-Chapelle.*
Réunion de la Flandre à la France.
1672. GUERRE DE HOLLANDE.
Condé, Turenne, Créqui, Vauban, Luxembourg, Louvois. Conquête de la Hollande. 1674. L'Europe contre Louis XIV. *Apogée du pouvoir royal.*
Chambre de réunion. Illustration de Duguay-Trouin, Jean Bart. 1682. Déclaration du clergé.
1683. *Mort de Colbert.*
Strasbourg réuni à la France.
1684. Trêve de Ratisbonne. Bombardement d'Alger et de Gênes.
1685. *Révocation de l'édit de Nantes.*
Madame de Maintenon. 1686. Mort de Condé.
1686. LIGUE D'AUGSBOURG.
1690. Victoire de Luxembourg à Fleurus. Prise de Mons et de Namur par le roi. Victoire de Steinkerque, de Nerwinde, remportées par Luxembourg sur le prince d'Orange.
1690. Victoires de Staffarde, 1693 de la Marsaille par Catinat sur le duc de Savoie.
1692. Défaite de Tourville à la Hogue. 1697. *Paix de Ryswick.*
1698. *Testament de Charles II.*
1701. GUERRE DE LA SUCCESSION D'ESPAGNE.
1701. Défaite des Français à Chiari. Villeroi fait prisonnier à Crémone par Eugène. Victoire de Vendôme à Luzara.
1703. Victoires de *Villars* à Fridelingen, à Hochstedt et de Tallard à Spirbach.
1704. Défaite de Tallard à Hochstett par Malborough.
1704. Bat. navale de Malaga. Victoire de Vendôme à Cassano et à Calcinato en 1706.
1706. Défaite de Villeroi à Ramillies. Défaite des Français à Turin.
1707. Victoire de Berwick à Almanza.
1708. Défaite des Français à Oudenarde; détresse en France.
1709. Défaite de Villars à Malplaquet.
1710. Victoire de Vendôme à Villaviciosa. Prise de Rio-Janeiro par Duguay-Trouin.
1712. Victoire de *Denain* gagné par Villars.
1713. *Paix d'Utrecht.* 1714. *Paix de Rastadt* avec l'empire.

Deuxième colonne.

Por. 1656. Alphonse VI. Pierre II, son frère, lui succ. en 1667 comme régent.
Pru. 1657. Frédéric-Guillaume, souverain.
Al. 1658. Léopold Ler.
An. 1660. *Les Stuarts rétablis.* Charles II.
Pol. 1660. Traité d'Oliva si funeste.
Su. 1660. Charles XI. Il aug. les forces de la Suède.
Asi. 1667. Aureng-Zeb aux Indes.
Da. 1670. Christian V, prince habile et vertueux.
Hol. 1674. Guillaume III.
Pol. 1674. *Sobieski* élu r. de Pologne à la m. de Michel; il délivre Vienne attaquée par Mustapha, 1683.
An. 1679. Décret de l'habeas corpus.
Ru. 1682. PIERRE-LE-GRAND, Emp.
Il succ. à Fédor II Alexiowitz.
O. 1687. Soliman III. Guerre avec les Autrichiens.
An. 1688. Despotisme de Jacques II, frère de Charles II. 2e *Révolution d'Angleterre.*
An. Guillaume III, époux de Marie, fille de Jacques II, sur le trône. Anne Stuart, autre fille de Jacques, lui succ. en 1702. 1690. Bat. de Boyne perdue par Jacques II.
O. 1691. Achmet II. *Guerres avec les Autrichiens.*
1695. Mustapha II battu par le prince Eugène.
1699. Traité de Carlowitz.
Pol. 1697. *Ligue de Saxe*, Auguste II.
Su. 1697. Règne de Charles XII.
Vainqu. de Pierre-le-Grand à Narva, il est vaincu à Pultava en 1709.
Da. 1699. Frédéric IV. Christian VI lui succ. en 1730.
Pru. 1701. *Maison de Hohenzollern.* Frédéric Ler érige la Prusse en roy.
O. 1703. Achmet III détrône son frère Mustapha.
Su. 1704. *Charles XII* détrône Auguste II, r. de Pologne et fait élire Stanislas Leczinski.
Hol. 1702. Suppression du Stathoudérat jusqu'en 1748. Guillaume IV, 1748.
Al. 1705. *Joseph Ler.* Charles VI lui succ. en 1711.
An. 1707. Victoire de Berwick à Almanza.
Pol. 1709. Auguste II rétabli. Sa m. en 1733. Son fils Auguste III et Stanislas Leczinski se disputent le trône de Pologne; *le premier* l'emporte et ... reçoit la Lorraine en dédommagement.
An. 1714. *Famille de Brunswick.* George Ler.

Suite du SUPPLÉMENT
Au 8me Tableau.

O. 1714. Guerre des Turcs et des Vénitiens ; Paix de Passarowitz , 1718.

Troisième colonne.

1674. Chapelain , po. Milton, po. 1680. La Rochefoucauld , ph. 1681. Patru , ora.

1684. P. CORNEILLE , po. m. 78.

Pont-Royal , place Vendôme. Calcul différentiel par Leibnitz. Miroirs ardents. 1686. Jean Mairet , po. Chapelle , po. 1687. Rapin René , po. Lulli , musicien.

1688. Quinault , po. Cudworth , ph. 1689. Cheminais , ora. 1690. Le Brun , pein. 1692. St. Réal , hist. 1693. Observatoire , usage du café. 1694. Mme *Deshoulières* , po. m. 60. Puffendorf, ph. 1695. Nicole , ph. Mignard , pein.

LAFONTAINE , po.

Huyghens , math. Puget , scul. 1696. Mme de *Sévigné* , litt. Labruyère , mora. 1697. Santeuil , po. 1698. Pradon , po.

1699. RACINE , po. m. 60.

1700. Le Nôtre , peint. 1701. Druyden , po. Segrais , po. Boursault, po. 1702. Bachaumont, po. 1703. Audran , grav. Perrault, litt. St. Evremont, litt. Mascaron, po. 1704. Bourdaloue , ora.

BOSSUET , ora.

Locke , ph. Duché, po. 1706. Bayle , ph. 1707. Cousin , hist. Mabillon , hist. 1708. Crébillon , po. La Fosse , po. 1709. Th. Corneille , po. m. 84. Regnard , po. 1710. Fléchier , ora.

1711. BOILEAU , po.

1712. Cassini , sav. Il découvrit 4 satellites de saturne. La Fare , po. 1715. Burnet , hist. Girardon , scul. Fénélon , litt. Tourneil , id. Mallebranche , ph.

18e S.

Continuation du système d'équilibre politique ; guerres européennes. – Progrès de l'esprit humain ; explosion des idées libérales ou révolution de 1789.

LOUIS XV.

Première colonne.

1725. Renvoi de l'infante. Louis épouse Marie Leczinska.

1726. *Ministère Fleury*. 1731. Traité de Vienne qui garantit la pragmatique de l'emp. Charles VI.

1733. *Mort d'Auguste II.*

GUERRE DE LA SUCCESSION DE POLOGNE.

La France , l'Espagne soutiennent Stanislas ; l'Autriche , la Russie soutiennent Auguste III. 1738. *Traité de Vienne.*

Troubles en Corse. La Lorraine et le duché de Bar réunis à la France.

1740. Mort de Charles VI.

GUERRE DE LA SUCCESSION D'AUTRICHE.

Divers prétendants : Marie Thérèse. *Frédéric II* gag. la bat. de Molwits. 1743. Défaite du maréchal de Noailles à Dettingen. 1745. Bat. de *Fontenoy* gag. par le maréchal de Saxe. 1746. Bat. de Rocoux gag. par Maurice de Saxe. 1747. Bat. du col d'Exilles. Bat. de Lawfelt. Combat naval de Belle-Ile. 1748. *Paix d'Aix-la-Chapelle.*

Querelle entre le clergé de Paris et le parlement qui est exilé en 1753 , et rappelé en 1754. 1755. Les Français en g. avec les Anglais en Amérique.

1756. GUERRE DE SEPT ANS.

L'Europe contre Frédéric II , appuyé de l'Angleterre. Ses succès , ses revers : 1757. Les Français battus à Rosback par Frédéric. 1758. Bat. de Crevelt , 1759 de Berghen , de Minden , etc. Pertes de la France en Amérique et en Asie. 1760. Supplice du général Lally.

1761. *Pacte de famille.* 1762. *Paix de Hambourg* ; 1763. *de Paris* , *d'Hubertsbourg*. Débats entre la cour et les parlements. 1764. Abolition des jésuites.

1766. Réunion de la Lorraine à la France , et de la Corse en 1768.

1770. Triumvirat de Maupeou , d'Aiguillon et de Terray. 1771. Abolition des anciens parlements.

Deuxième colonne.

Al. 1742. *Famille de Hanovre.* Charles VII.

1745. *Famille d'Autriche moderne.* François I.er ; Marie Thérèse.

Da. 1746. Frédéric V. Christian VII lui succ. en 1766.

Hol. 1751. Guillaume V m. en 1806. Bonaparte lui succ. en qualité de roi.

Su. 1751. Adolphe-Frédéric II.

O. 1754. Othman III. Mustapha III lui succ. en 1757.

An. 1756. Ministère de William Pitt.

An. 1760. George III.

Ru. 1762. *Maison de Holstein.* Pierre III mis à m. par sa fem. *Cathérine II.*

Pol. 1764. Poniatowski élu r. de Pologne.

Al. 1765. Joseph II.

Su. 1771. Gustave III ass. en 1792.

Pol. 1772. *I.er Partage de la Pologne* entre Thérèse d'Autriche , Cathérine II et Frédéric II.

Am. 1773. *Insurrection des colonies américaines.* Washinton.

Troisième colonne.

1729. Clarke , ph. 1733. M.me de Lambert , litt. Coustou , scul. 1735. Vertot , hist. 1737. Buffier , ph.

1738. Boërhaave, méd. 1741. Houlley , sav. Monfaucon , hist. Le cardinal de Polignac. *Rollin* , rh.

1742. Dubos , hist. Brumoi , po. *Massillon* , ora. L'abbé de St. Pierre. Stahl , sav. 1743. Rigaud , peint. 1754. Walf, ph. Destouches, po. 1755. St. Simon , hist. *Montesquieu* , ph. 1757. Les paratonnerres. Réaumur , phy. Fontenelle , po. *Jussieu* , nat. 1759. Cahusac , po. 1762. Crébillon , po. 1763. Marivaux , po. 1764. L'église de S.te Geneviève fondée. Roy , po. 1765. Crevier , hist. Young , écriv. 1766. Villaret , hist. 1767. Malfilâtre , po. 1771. Loyseau de Mauléon , ora. Helvétius , ph. Hôtel des monnaies. 1772. Duclos , hist. 1773. *Piron* , po. 1774. Ecole de médecine.

LOUIS XVI.

Première colonne.

1787. *I.re Assemblée des notables.* Brienne propose des impôts ; refus du parlement. 19 nov. Séance royale. 1788. Chute de Brienne ; Necker rappelé.

2.me Assemblée des notables.

1789. 5 *Mai. Etats généraux.*

17 Juin. Assemblée nationale ou constituante.

20 Juin. Séance royale. Exil de Necker. Camille Desmoulin au Palais-Royal. 14 Juillet. Prise de la Bastille. 4 Août. Abolition des priviléges. 5 Octobre. Le peuple à Versailles. Division de la France en départements. Le clergé est dépossédé de ses biens.

1790. 14. Juillet. Fédération. 1791. 2 Avril. *Mort de Mirabeau.*

1791. 29 Mai. Déclaration de Mantoue. 20 Juin. Fuite de la famille royale. 27 Juillet. Pétition du champ de Mars. Traité de Pilnitz.

1791. 1er Octobre. Assemblée législative.

1792. Mars. Ministère girondin. Avril. Guerre déclarée. Juin. Ministère Feuillant. 20 Juin. Le peuple aux Tuilleries. Manifeste du duc de Brunswick. Famille royale au Temple. Captivité de Lafayette à Olmutz. *I.re Coalition.* Août. Invasion étrangère. *Danton.* 2 Septembre. Massacre des prisons. Dumourier arrête les Prussiens ; Kellerman les bat à Valmy , 20 septembre.

Deuxième colonne.

Am. 1783. *Les 13 Etats-Unis d'Amérique reconnus indépendants.* Washinton.

Pru. 1786. Frédéric Guillaume II.

O. 1789. Sélim III , le Louis XIV des Turcs.

Al. 1790. Léopold , emp.

Su. 1792. Gustave IV.

Al. 1792. François II. Il renonce au titre d'emp. romain en 1806 , et prend celui de I.er emp. héréditaire d'Autriche.

Troisième colonne.

1780. Condillac , ph. 1781. L'abbé Poulle. Sténographie. 1783. Les aérostats , le magnétisme animal. D'Alembert, sav. 1783. Vaucanson, méca. 1784. Barthe, po. Le Franc de Pompignan , ora. Diderot, ph. 1785. Thomas , ora. 1786. L'abbé Boismont , ora. Elie de Beaumont , ora. 1788. Gerbier , ora. *Buffon* , nat.

1790. *Franklin* , phy. L'abbé Beauvais , ora.

1791. Rulhières , hist. 1792. Invention du télégraphe.

Convention nationale.

Première colonne.

1793. Mars. *Comité du salut public.* Règne de la terreur. 16 Octobre. Supplice de la reine Marie-Antoinette. Calendrier républicain. Culte de la raison. 18 Décembre. Prise de Toulon par *Bonaparte.* 1794. 9 Avril. Supplice des Dantonistes. 8 Juin. Fête de l'Etre-Suprême.

1794. CAMPAGNE de 1794.

Victoires de Souham , de Moreau , de Pichegru , de Jourdan dans le nord , notamment celle de Fleurus. Succès de Michaud à *l'est*, de Dugommier et de Moncey au *sud.* 9 Mai. Supplice de Mme Elisabeth , sœur de Louis XVI. 1794. 27 Juillet. *Chute de Robespierre.*

1794. Rappel des Girondins. Famine.

CAMPAGNE de 1795.

Janvier. Conquête de la Hollande par Pichegru. 5 Avril. Paix de Bâle. 20. Le peuple à la convention. Abolition de la constitution de l'an 1793. Juin. Succès de l'armée de la Vendée. Destruction de l'armée des royalistes à Quibéron. Le Comte d'Artois à l'île Dieu.

Septembre. Les armées de Sambre et de Meuse sous Jourdan , et du Rhin sous Pichegru , passent le Rhin. Leur retraite. Jonction des armées des Pyrénées et des Alpes maritimes sous Masséna , Augereau et Kellerman qui fut remplacé par Schérer. Ce dernier battit les Autrichiens à Loano en nov. et les mit en fuite.

Constitution de l'an III. Révolte des sections de Paris. La convention victorieuse , le 13 Vendemiaire (5 Octobre). 26 Octobre. *Sa cloture.*

1795. 27 Octobre. Directoire.

Première colonne.

2e *Guerre de la Vendée.* Succès de Hoche. Mort de Charette et de Stofflet. Complot de Babeuf.

IMMORTELLES CAMPAGNES DE 1796 et 1797.

Carnot , Moreau , Jourdan. Victoires de Bonaparte à Montenotte , Dego , Millésimo , Mondovi , au pont de Lodi, etc. Retraite de l'archiduc Charles. Wurmser.

Célèbre retraite de Moreau. Bonaparte , vainq. à *Arcole*, à Rivoli et à St-George. 1797. Oct. *Paix de Campo-Formio.* 1798. Conquête de la Suisse. Le pape Pie VI fait prisonnier. Conquête de Naples en décembre.

17 Mai. EXPÉDITION D'EGYPTE.

21 Juillet. *Bat. des pyramides.* 12 Août. Désastre de la flotte fr. à Aboukir. 1799. Victoires de Junot , de Bonaparte , de Souwarow. 25 Juillet. Bonaparte vainq. des Turcs à Aboukir. 9 Oct. Son retour. 1799. Janv. Pacification de la Vendée. Défaite de jourdan en Souabe et de Schérer en Italie. Moreau prend le commandement de l'armée d'Italie. Assass. des plénipotentiaires français à Rastadt. 18 Juin. Défaite de la Trébrie. Décomposition du directoire. Victoires de Masséna à Zurich et de Brune à Berghen.

1799. 10 Novembre. Consulat.

Acceptation de la constitution de l'an VIII.

1800. CAMPAGNES D'ITALIE ET D'ALLEMAGNE.

Mai. Passage du Mont St. Bernard. 14 Juin. Victoire de Bonaparte à *Marengo* où Desaix est tué. Kléber ass. au Caire. Evacuation de l'Egypte par l'armée fr. Succès de Moreau en Allemagne. 1801. *Traité de Lunéville.* 1802. 25 mars. Paix d'Amiens. *Expédition de St. Domingue , chef Le Clerc. Toussaint-Louverture.*

2 *Août. Bonaparte consul à vie. Constitution du* 16 *thermidor an X.* Concordat entre le pape Pie VII et Napoléon. 1804. Conspiration de Cadoudal et de Pichegru. Mars. Exécution du duc d'Enghein. Mort de Pichegru. Procès de George et de Moreau.

Deuxième colonne.

Pol. 1795. Partage définitif de la Pologne.

Pr. 1797. Frédéric-Guillaume III.

Am. 1798. *Révolution de St. Domingue.*

Asi. 1799. Typpo-Saeb, r. de Mysore , vaincu par les Anglais.

Por. 1799. Jean VI , régent.

T. 1800. Mort de Pie VI. Pie VII lui succ. Ses rapports avec Napoléon.

Ru. 1801. Alexandre I.er r. de Pologne en 1815.

Am. 1801. Haïti. Toussaint-Louverture , gouv. à vie.

Troisième colonne.

1800. Vaccine. 1802. Calonne , ministre. Invention de la lithographie. 1803. Labarpe , litt.

19e S.

Gloire Française , lauriers immortels , ordre intérieur, code, etc.-Actes de génie en tout genre, charte, ère constitutionnelle.

EMPIRE.

Première colonne.

1813. CAMPAGNE DE SAXE.

19 Oct. Bat. de Leipsick. Revers en Espagne. Ferdinand VII rétabli.

1814. *La France attaquée de toutes parts.* Victoires de Napoléon à Champ-Aubert, à Montmirail, à Montereau. 30 Mars. Bat. de Paris. Défection de Marmont. 10 Avril. Bat. de Toulouse. 13 Avril *Abdication de Napoléon.*

LOUIS XVIII.

Première colonne.

Ministère Dessoles. 1819. Elections libérales. *Ministère Decaze.* 1820. 13 Fév. Assass. du duc de Berry. 20 Fév. 2e *Ministère de Richelieu. Révolutions espagnole , portugaise , napolitaine.* La sainte-alliance. Double vote. 21 Sept. Naissance du duc de Bordeaux. 1821. Révolution du Piémont. 5 Mai. Mort de Napoléon.

15. Déc. *Ministère Villèle.* – 1823. CAMPAGNE D'ESPAGNE. Oct. Fin de la g. Dissolution de la chambre. 1824. Elections générales. Mandement du cardinal de Clermont Tonnerre. Septennalité. Conversion des rentes. 24 Juin. Renvoi de M. de Châteaubriand. Soulèvement en Portugal. Censure rétablie. 10 Sept. Mort de Louis XVIII.

CHARLES X.

Première colonne.

1830. 16 Mai. Dissolution de la chambre. 5 Juillet. Ordonnances. *Révolution de* 1830. 27 , 28 , 29 Juillet. 30. Fuite de la famille royale.

Le duc d'Orléans proclamé roi des Français sous le nom de Louis-Philippe I.er.

Deuxième colonne.

1829. Mort du pape Léon XII. Pie VIII lui succ.

Fin du Supplément.

ERRATA.

Les Perses , les Grecs , les Assyriens. Lisez : *les Assyriens , les Perses , les Grecs.* — Feuille d'introduction , 3e colonne.

Bocchoris doit être placé après *Sesac.* — 11e tabl. 10e s.

Flaminius. Lisez : *Flamininus.* — 3e tabl. 2e s.

451. Concile de Constance. Lisez : *de Chalcédoine* ; IIe concile de Constantinople en 553 ; et le IIIe en 680. — 4e tabl. , cadre de Mérovée.

568. Les Barbares venus , etc. Lisez : *les Lombards venus* , etc. — 4e tabl. , cadre de Chilpéric.

Ajoutez : *V. Suppl.* à la 2e colonne des tableaux 5e , cadre de Charles II et de Charles III ; 6e , cadre de Philippe III ; 8e , cadre Convention nationale.

1772. 1er partage de la Pologne. Déplacé. — 8e tabl. , cadre de Louis XVI.

Les 4 dernières lignes de la 2e colonne du cadre de Charles X , déplacées et inutiles. La 4e colonne du supplém. aux 4e , 5e , etc. tableaux , doit être la 5e et vice-versâ.

www.ingramcontent.com/pod-product-compliance
Ingram Content Group UK Ltd.
Pitfield, Milton Keynes, MK11 3LW, UK
UKHW020527180726
13839UKWH00005B/2352

9 782329 462912